国际专利分类表（2024.01）

International Patent Classification

E 部　固定建筑物

世界知识产权组织　编著

国家知识产权局专利局　编译

图书在版编目（CIP）数据

国际专利分类表. 2024.01. E 部，固定建筑物/世界知识产权组织编著；国家知识产权局专利局编译. —北京：知识产权出版社，2024.7
ISBN 978-7-5130-9382-8

Ⅰ.①国… Ⅱ.①世…②国… Ⅲ.①《国际专利分类表》 Ⅳ.①G255.53

中国国家版本馆 CIP 数据核字（2024）第 108187 号

内容提要

《国际专利分类表》（IPC）根据 1971 年签订的《国际专利分类斯特拉斯堡协定》编制，是国际通用的专利文献分类和检索工具。《国际专利分类表》按照领域不同，分为八个部，分别用英文字母 A、B、C、D、E、F、G、H 标记。本套书为世界知识产权组织（WIPO）于 2024 年 1 月公布的《国际专利分类表》最新版的中译本。本册是 E 部——固定建筑物，主要涉及建筑、地质钻探和采矿等领域。

本套书可供广大工程技术人员、科技信息人员、专利代理师、专利审查员以及分类审查员等使用。

策划编辑：卢海鹰	
责任编辑：崔思琪	责任校对：王　岩
封面设计：杨杨工作室·张冀	责任印制：刘译文

国际专利分类表（2024.01）·E 部　固定建筑物
GUOJI ZHUANLI FENLEIBIAO (2024.01) · E BU GUDING JIANZHUWU
世界知识产权组织　编著
国家知识产权局专利局　编译

出版发行：知识产权出版社 有限责任公司	网　　址：http://www.ipph.cn
社　　址：北京市海淀区气象路 50 号院	邮　　编：100081
责编电话：010-82000860 转 8335	责编邮箱：fangxi202210@126.com
发行电话：010-82000860 转 8101/8102	发行传真：010-82000893/82005070/82000270
印　　刷：三河市国英印务有限公司	经　　销：新华书店、各大网上书店及相关专业书店
开　　本：880mm×1230mm 1/16	印　　张：7.5
版　　次：2024 年 7 月第 1 版	印　　次：2024 年 7 月第 1 次印刷
字　　数：226 千字	定　　价：50.00 元
ISBN 978-7-5130-9382-8	

出版权专有　　侵权必究
如有印装质量问题，本社负责调换。

出版说明

习近平总书记在中央政治局第二十五次集体学习时指出,"创新是引领发展的第一动力,保护知识产权就是保护创新"。党的十八大以来,党中央把知识产权保护工作摆在更加突出的位置,党中央、国务院相继印发《知识产权强国建设纲要(2021—2035年)》《"十四五"国家知识产权保护和运用规划》,明确了知识产权强国建设的目标、任务、举措和实施蓝图,为新时代知识产权事业发展提供了根本遵循和行动指南。

专利制度是知识产权制度的重要组成部分。专利文献是集技术信息、法律信息、经济信息于一体的信息载体,伴随现代专利制度的产生而出现。专利文献信息几乎涉及人类生活活动的全部技术领域,是知识产权强国建设的重要基础和高水平科技创新的重要战略信息资源。为帮助全球各知识产权机构对海量专利文献进行统一的组织、管理、检索和运用,深度揭示专利文献中蕴含的巨大信息价值,《国际专利分类表》(International Patent Classification,IPC)应运而生。

《国际专利分类表》基于1971年《国际专利分类斯特拉斯堡协定》建立,是一种由独立于语言的符号构成的等级体系,用于按所属不同技术领域对发明和实用新型专利文献进行分类。根据该协定,组建国际专利分类专门联盟,目前成员国共有65个。我国于1997年正式加入该协定并成为联盟成员。《国际专利分类表》以英文和法文出版,共设八个部类,由世界知识产权组织(WIPO)负责管理,每年修订出版一次,细分类目超过78000个,目前已覆盖全球超过95%的发明与实用新型专利文献,是全球使用最广泛的专利分类体系。

自1985年我国实施《专利法》以来,国家知识产权局一直采用《国际专利分类表》对发明和实用新型专利文献进行分类,并在国际层面积极参与国际专利分类修订,为建设中国特色、世界水平的知识产权强国提供了有力支撑。为便于专利审查员、创新主体和社会公众使用,近年来,国家知识产权局每年组织专家基于最新版英文国际专利分类表进行翻译审校,形成中文译本,并在国家知识产权局官方网站(www.cnipa.gov.cn)上发布。

本套书基于《国际专利分类表(2024.01)》进行翻译,自2024年1月1日起生效。本套书共九册,具体为:

- A部——人类生活必需
- B部——作业;运输
- C部——化学;冶金
- D部——纺织;造纸
- E部——固定建筑物
- F部——机械工程;照明;加热;武器;爆破
- G部——物理
- H部——电学
- 使用指南

"A部——人类生活必需"分册主要涉及农业、食品、烟草、个人或家庭用品、健康、救生及娱乐等技术领域。

"B部——作业;运输"分册主要涉及分离、混合、成型、印刷、运输、微结构技术及纳米技术等技术领域。

"C部——化学;冶金"分册主要涉及化学、冶炼及组合技术等技术领域。

"D部——纺织;造纸"分册主要涉及其他部不包含的纺织品或柔性材料、纸类等技术领域。

"E部——固定建筑物"分册主要涉及建筑、地质钻探和采矿等技术领域。

"F部——机械工程；照明；加热；武器；爆破"分册主要涉及发动机或泵、一般工程、照明、加热、武器及爆破等技术领域。

"G部——物理"分册主要涉及仪器、核子学等技术领域。

"H部——电学"分册主要涉及基本电气元件、发电、应用电力、基本电子电路及其控制、无线电或电力通信技术等技术领域。

"使用指南"分册主要对《国际专利分类表》的编排和等级结构、分类原则和规则、在检索中的应用等内容进行了解释说明。其中，对英文版《国际专利分类表使用指南》中不适用于中文版的情况，本书也进行了标注。

国家知识产权局专利局专利文献部承担着专利分类体系的管理、研究和推广运用，应广大读者需求，组织翻译出版《国际专利分类表》纸质版。为确保翻译质量，专利文献部专门组织成立专家审核组，负责分类表翻译内容的审核、咨询等工作，并邀请中国专利技术开发有限责任公司分类专家就各领域相关技术术语进行确认。

由于水平有限，本套书翻译出版过程中难免存在错误，敬请广大读者批评指正。

国家知识产权局专利局专利文献部
二〇二四年七月

E 部——固定建筑物

本 部 目 录

（附注和参见省略）

分部：建　筑

E01　道路、铁路或桥梁的建筑 ··· 1
　　E01B　铁路轨道；铁路轨道附件；铺设各种铁路的机器 ·· 1
　　E01C　道路、体育场或类似工程的修建或其铺面；修建和修复用的机械和附属工具 ··············· 7
　　E01D　桥梁 ··· 12
　　E01F　附属工程，例如，道路设备和月台、直升机降落台、标志、防雪栅或类似物的修建 ······ 14
　　E01H　街道清洗；轨道清洗；海滩清洗；陆地清洗；一般驱雾 ·· 16
E02　水利工程；基础；疏浚 ··· 19
　　E02B　水利工程 ·· 19
　　E02C　船舶提升设备或机械 ··· 21
　　E02D　基础；挖方；填方；地下或水下结构物 ··· 21
　　E02F　挖掘；疏浚 ··· 27
E03　给水；排水 ·· 30
　　E03B　取水、集水或配水的装置或方法 ·· 30
　　E03C　干净水或废水的户内卫生管道装置；洗涤盆 ·· 31
　　E03D　冲水厕所或带有冲洗设备的小便池；所用冲洗阀门 ·· 33
　　E03F　下水道；污水井 ··· 36
E04　建筑物 ··· 38
　　E04B　一般建筑物构造；墙，例如，间壁墙；屋顶；楼板；顶棚；建筑物的隔绝或其他防护 ····· 38
　　E04C　结构构件；建筑材料 ··· 44
　　E04D　屋面覆盖层；天窗；檐槽；屋面施工工具 ·· 47
　　E04F　建筑物的装修工程，例如，楼梯、楼面 ··· 50
　　E04G　脚手架、模壳；模板；施工用具或辅助设备，或其应用；建筑材料的现场处理；
　　　　　原有建筑物的修理、拆除或其他工作 ··· 54
　　E04H　专门用途的建筑物或类似的结构物；游泳或喷水浴槽或池；桅杆；围栏；一般帐篷或天篷 ······· 59
E05　锁；钥匙；门窗零件；保险箱 ··· 64
　　E05B　锁；所用附件；手铐 ··· 64
　　E05C　用于翼扇，专用于门或窗的插销或固接器件 ·· 73
　　E05D　门、窗或翼扇的铰链或其他悬挂装置 ··· 76

— 1 —

		E05F	使翼扇移到开启或关闭位置的器件；翼扇调节；其他类目未包括而与翼扇功能有关的零件 ………	78
		E05G	贵重物品保险箱或保险库；银行用的保险装置；安全交易隔板	82
E06	一般的门、窗、百叶窗或卷辊遮帘；梯子			83
		E06B	在建筑物、车辆、围栏或类似围绕物的开口处用的固定式或移动式闭合装置，例如，门、窗、遮帘、栅门	83
		E06C	梯子	90

分部：土层或岩石的钻进；采矿

E21	土层或岩石的钻进；采矿		92
	E21B	土层或岩石的钻进；从井中开采油、气、水、可溶解或可熔化物质或矿物泥浆	92
	E21C	采矿或采石	102
	E21D	竖井；隧道；平硐；大型地下室	106
	E21F	矿井或隧道中或其自身的安全装置、运输、充填、救护、通风或排水	110

E99	本部其他类目不包括的技术主题		113
	E99Z	本部其他类目不包括的技术主题	113

分部：建　筑

E01　道路、铁路或桥梁的建筑

E01B　铁路轨道；铁路轨道附件；铺设各种铁路的机器（脱轨或复轨器，轨道制动器或减速器入 B61K；从轨道上排除异物、控制植物生长、铺洒液体入 E01H）

小类索引

轨道结构
　一般结构 ·· 2/00
　道碴，横向或纵向轨枕 ·························· 1/00，3/00
　一般用途的钢轨或转辙器 ············· 5/00 至 13/00，26/00
　特种用途的钢轨或转辙器 ·························· 21/00 至 26/00
　防护装置 ··· 15/00 至 19/00
　道床或轨道的铺设、养护、翻新或取出 ·········· 27/00 至 37/00

铁路或电车道的轨道结构

E01B 1/00　道碴层；支承轨枕或轨道的其他设备；道碴层的排水（采用沟槽、涵洞或管道排水入 E01F 5/00）[1,2006.01]

E01B 2/00　轨道的一般结构（铁路网入 B61B 1/00；铺面基础入 E01C 3/00；一般基础入 E02D）[1,2006.01]

E01B 3/00　横向或纵向轨枕（用于转辙器或交叉入 E01B 7/22）；直接放在道碴层上支承轨道的其他设备 [1,2006.01]

E01B 3/02　·木制（干燥或浸渍处理入 B27K）[1,2006.01]

E01B 3/04　··防止开裂的用具 [1,2006.01]

E01B 3/06　···防止开裂扒钉 [1,2006.01]

E01B 3/08　···箍紧轨枕的皮带或带（现场箍紧木枕的用具入 E01B 31/28）[1,2006.01]

E01B 3/10　··组合轨枕 [1,2006.01]

E01B 3/12　··纵向轨枕；与系杆组合或与系杆成整体的纵向轨枕；纵横向组合的轨枕 [1,2006.01]

E01B 3/14　··板；块；连接板、块的系杆 [1,2006.01]

E01B 3/16　·钢制 [1,2006.01]

E01B 3/18　··组合轨枕 [1,2006.01]

E01B 3/20　··特殊用途的轨枕结构，例如，具有铺设道碴用的孔洞（重荷载用的可移动轨道的轨枕入 E01B 23/12）[1,2006.01]

E01B 3/22　··纵向轨枕；与系杆组合或与系杆成整体的纵向轨枕；纵横向组合的轨枕 [1,2006.01]

E01B 3/24　··板；块；带洞轨枕；连接它们的系杆 [1,2006.01]

E01B 3/26	··与木头、人造石或其他材料的插入物组合 [1,2006.01]	E01B 5/18	·护轨；所用连接、固定或调整设备 [1,2006.01]
E01B 3/28	·混凝土、天然石或人造石制成（制造入 B28）[1,2006.01]	**E01B 7/00**	**转辙器；交叉**（操作机械入 B61L）[1,2006.01]
E01B 3/30	··空心轨枕 [1,2006.01]	E01B 7/02	·尖轨；与之有关的结构 [1,2006.01]
E01B 3/32	··加护套或带有加强件的（空心轨枕入 E01B 3/30）[1,2006.01]	E01B 7/04	··围绕末端竖轴旋转的尖轨的结构 [1,2006.01]
E01B 3/34	···带有预应力的护套或加强件的（预应力护套或预应力钢筋构件入 E04C 5/00）[1,2006.01]	E01B 7/06	··柔性尖轨或柔性鱼尾板的结构 [1,2006.01]
E01B 3/36	··组合轨枕 [1,2006.01]	E01B 7/08	··其他尖轨的结构，例如，倾斜于与钢轨相平行的轴的结构，活动式尖轨或尖轨块体 [1,2006.01]
E01B 3/38	··纵向轨枕；与系杆组合或与系杆成整体的纵向轨枕；纵横向组合轨枕；支承两根钢轨的混凝土垫板 [1,2006.01]	E01B 7/10	·辙叉 [1,2006.01]
		E01B 7/12	··用单一或复合部件制成的固定式辙叉 [1,2006.01]
E01B 3/40	··板；块；带洞轨枕；连接它们的系杆 [1,2006.01]	E01B 7/14	··有活动构件的辙叉 [1,2006.01]
		E01B 7/16	··突变辙叉 [1,2006.01]
E01B 3/42	··与木头或其他材料插入物组合 [1,2006.01]	E01B 7/18	·转辙器和交叉的组合 [1,2006.01]
E01B 3/44	·由其他材料制成且仅当该材料为必需材料时 [1,2006.01]	E01B 7/20	·转辙器的安全设备，例如，辙尖防护器、辅助或导轨部件 [1,2006.01]
E01B 3/46	·用不同材料制成（E01B 3/26，E01B 3/42 优先）[1,2006.01]	E01B 7/22	·转辙器或交叉用的特殊轨枕；所用固定设备 [1,2006.01]
		E01B 7/24	·转辙器的加热 [1,2006.01]
E01B 3/48	·轨枕的定距器或系杆 [1,2006.01]	E01B 7/26	·转辙器的润滑（钢轨润滑入 B61K 3/00）[1,2006.01]
E01B 5/00	**钢轨；护轨**（钢轨制造入 B21B）**；其定距设备** [1,2006.01]	E01B 7/28	·交叉 [1,2006.01]
E01B 5/02	·钢轨 [1,2006.01]	E01B 7/30	··突变交叉 [1,2006.01]
E01B 5/04	··企口钢轨 [1,2006.01]	**E01B 9/00**	**轨枕或类似物上固定轨条**（桥梁上固定轨条入 E01D 19/12）[1,2006.01]
E01B 5/06	··可反向或倒转的钢轨 [1,2006.01]	E01B 9/02	·直接在轨枕或基础上固定钢轨、垫板或轨座；所用设备 [1,2006.01]
E01B 5/08	··组合钢轨；带可拆卸或不可拆卸构件的复合钢轨 [1,2006.01]	E01B 9/04	··不用夹紧元件固定在木轨枕、混凝土轨枕上或砖石基础上 [1,2006.01]
E01B 5/10	···组合式企口钢轨；企口钢轨用的插入物 [1,2006.01]	E01B 9/06	···道钉（一般钉子入 F16B）[1,2006.01]
E01B 5/12	··带有作轨枕用轨脚的钢轨 [1,2006.01]	E01B 9/08	···弹性道钉 [1,2006.01]
E01B 5/14	··轨道特殊部分用的钢轨，例如，用于曲线轨道的钢轨 [1,2006.01]	E01B 9/10	···轨枕用的螺丝或螺栓（一般螺丝或螺栓入 F16B）[1,2006.01]
E01B 5/16	·定距器 [1,2006.01]		

E01B 9/12	··道钉或螺丝用的保持或锁紧装置 [1,2006.01]			2006.01]
E01B 9/14	··轨枕洞用的塞子、套筒、螺纹衬垫或其他插件（插塞或套筒入 E01B 31/26）[1,2006.01]	E01B 9/66	·不包括在上述各组中的可以调整钢轨位置的钢轨固定件 [1,2006.01]
		E01B 9/68	·置于钢轨、系板或轨座下的垫或类似物，例如，木垫、橡胶垫 [1,2006.01]
E01B 9/16	···木轨枕用 [1,2006.01]	**E01B 11/00**	**钢轨的接头**（钢轨的电气连接入 B60M 5/00）[1,2006.01]
E01B 9/18	···混凝土轨枕用 [1,2006.01]		
E01B 9/20	··用键固定 [1,2006.01]	E01B 11/02	·可拆卸的钢轨接头 [1,2006.01]
E01B 9/22	·不用夹紧元件固定在钢轨枕上 [1,2006.01]	E01B 11/04	··平面鱼尾板 [1,2006.01]
		E01B 11/06	···带键或销 [1,2006.01]
E01B 9/24	··用键固定 [1,2006.01]	E01B 11/08	··角形鱼尾板 [1,2006.01]
E01B 9/26	··焊接固定 [1,2006.01]	E01B 11/10	··带支撑或围绕轨底部件的鱼尾板 [1,2006.01]
E01B 9/28	·用夹紧元件固定在木轨枕、混凝土轨枕或砖石基础上 [1,2006.01]		
		E01B 11/12	··仅与轨底接触的鱼尾板 [1,2006.01]
E01B 9/30	··用弹性钢夹固定 [1,2006.01]		
E01B 9/32	·用夹紧元件固定在钢轨枕上 [1,2006.01]	E01B 11/14	··整体的轨底翼缘夹 [1,2006.01]
		E01B 11/16	··连接具有不同横截面的钢轨用的鱼尾板 [1,2006.01]
E01B 9/34	··用弹性钢夹固定 [1,2006.01]		
E01B 9/36	··把钢轨直接固定于轨枕上的金属底板 [1,2006.01]	E01B 11/18	··临时维修断裂钢轨用的鱼尾板 [1,2006.01]
E01B 9/38	·用系板或轨座间接固定钢轨；将钢轨固定在系板或轨座上 [1,2006.01]	E01B 11/20	·带轨缝桥接结构 [1,2006.01]
		E01B 11/22	··用钢轨构件 [1,2006.01]
E01B 9/40	··平底钢轨用的系板（制造入 B21）[1,2006.01]	E01B 11/24	···钢轨末端斜交或搭接 [1,2006.01]
E01B 9/42	···有两个或更多构件 [1,2006.01]	E01B 11/26	···钢轨末端嵌接 [1,2006.01]
E01B 9/44	··钢轨固定于系板上 [1,2006.01]	E01B 11/28	··用连接件 [1,2006.01]
E01B 9/46	···用夹具固定 [1,2006.01]	E01B 11/30	···用具有位于轨头横截面的整体车轮踏面的鱼尾板 [1,2006.01]
E01B 9/48	···用弹性钢夹固定 [1,2006.01]		
E01B 9/50	···用键固定 [1,2006.01]		
E01B 9/52	···用弹性键固定 [1,2006.01]	E01B 11/32	··用单独部件；连接两个轨头的插塞 [1,2006.01]
E01B 9/54	·轨座 [1,2006.01]		
E01B 9/56	··带两个或更多车轮踏面的钢轨用 [1,2006.01]	E01B 11/34	···轨缝旁边的辅助钢轨 [1,2006.01]
E01B 9/58	··在轨座上固定钢轨 [1,2006.01]	E01B 11/36	··鱼尾板用的固定设备 [1,2006.01]
E01B 9/60	·采用夹板或撑杆支撑钢轨侧面或轨头的钢轨固定件 [1,2006.01]	E01B 11/38	···固定设备的锁紧装置（一般螺母或螺栓锁紧装置入 F16B）[1,2006.01]
E01B 9/62	·带弹性支撑的钢轨固定件 [1,2006.01]		
E01B 9/64	·夹住或捆紧轨枕用的钢轨固定件 [1,2006.01]	E01B 11/40	··与焊接件相结合的可拆卸的钢轨接

E01B

头 [1,2006.01]

E01B 11/42 ·相对活动的钢轨接头,例如,用于旋转台上、移车台上或平转桥上的钢轨的接头 [1,2006.01]

E01B 11/44 ·不可拆卸的钢轨接头;焊接接头(焊接方法入 B23K)[1,2006.01]

E01B 11/46 ··制造无缝轨道的一般方法 [1,2006.01]

E01B 11/48 ··熔焊接头 [1,2006.01]

E01B 11/50 ··电焊接头 [1,2006.01]

E01B 11/52 ··铝热焊接头 [1,2006.01]

E01B 11/54 ·电绝缘钢轨接头 [1,2006.01]

E01B 11/56 ·支撑钢轨末端的特殊装置(轨底支撑入 E01B 11/08 至 E01B 11/14)[1,2006.01]

E01B 11/58 ··桥板 [1,2006.01]

E01B 11/60 ···带楔 [1,2006.01]

E01B 11/62 ··桥座(轨座入 E01B 9/54 至 E01B 9/58)[1,2006.01]

E01B 13/00 防止轨道移位的装置 [1,2006.01]

E01B 13/02 ·钢轨防爬器 [1,2006.01]

E01B 15/00 防止人脚陷入企口轨条的防护装置 [1,2006.01]

E01B 17/00 与轨道相连接的牲畜防护装置(用来防止牲畜离群的一般格栅入 A01K 3/00)[1,2006.01]

E01B 19/00 轨道的防尘、风、阳光、霜冻或腐蚀的设备;减少噪声的设备(防雪栅入 E01F 7/02;扫雪机入 E01H 8/02;洒水入 E01H 11/00)[1,2006.01]

E01B 21/00 铺面街道上电车道专用的轨道上部结构(铺面入 E01C 9/04,E01C 9/06)[1,2006.01]

E01B 21/02 ·特殊支撑设备;轨道排水 [1,2006.01]

E01B 21/04 ·特殊的固定设备、接头构造或系杆 [1,2006.01]

E01B 23/00 易于拆除或活动的轨道,例如,临时铁路;所专用的细部构件 [1,2006.01]

E01B 23/02 ·田间、煤矿或矿区使用的轻便铁路的轨道 [1,2006.01]

E01B 23/04 ·固定或连接设备 [1,2006.01]

E01B 23/06 ·转辙器(旋转台入 B60S,B61J);可移动的轻便转辙器;岔道 [1,2006.01]

E01B 23/08 ·维修电车道用的临时轨道 [1,2006.01]

E01B 23/10 ·重荷载用的可移动轨道,例如,支承挖掘机用 [1,2006.01]

E01B 23/12 ·轨枕 [1,2006.01]

E01B 23/14 ·固定或连接装置(用键固定钢轨入 E01B 9/24)[1,2006.01]

E01B 23/16 ··转辙器 [1,2006.01]

E01B 25/00 特种铁路用的轨道(铁路系统入 B61B;道路上的轮轨入 E01C 9/02)

附注

本组中下列词的含义是指:
- "轨道"这个词包括非承重导轨。

E01B 25/02 ·齿轨铁路的轨道 [1,2006.01]

E01B 25/04 ··齿轨;齿轨的支撑或连接件 [1,2006.01]

E01B 25/06 ··转辙器;辙叉;交叉 [1,2006.01]

E01B 25/08 ·车辆重心在承重轨条上面的单轨轨道(E01B 25/30 优先)[1,2006.01]

E01B 25/10 ··单轨;辅助性平衡钢轨;钢轨的支撑或连接件 [1,2006.01]

E01B 25/12 ··转辙器;交叉 [1,2006.01]

E01B 25/14 ·缆索牵引铁路用的轨道 [1,2006.01]

E01B 25/15 ··转辙器;交叉 [1,2006.01]

E01B 25/16 ·用于具有固定绳索的架空索道的轨道 [1,2006.01]

E01B 25/18 ··绳索;绳索的支撑、固定或张拉设备(一般绳索入 D07B;桅杆入 E04H 12/00;绳索套入 F16G)[1,2006.01]

E01B 25/20 ··转辙器;交叉 [1,2006.01]

E01B 25/22 ·车辆在刚性支撑钢轨上悬吊的铁路用

		轨道 [1,2006.01]			座入 E01B 27/02）[1,2006.01]
E01B 25/24	··	支撑钢轨；辅助性平衡钢轨；钢轨的支撑和连接件 [1,2006.01]	E01B 27/14	···	所用手动工具或手扶动力机具 [1,2006.01]
E01B 25/26	··	转辙器；交叉 [1,2006.01]	E01B 27/16	···	所用设备，例如，所谓的轨枕捣固机 [1,2006.01]
E01B 25/28	·	车辆在道路或类似路面上行驶的导向轨道（道路上的轮轨入 E01C 9/02）[1,2006.01]	E01B 27/17	····	带有提升、找平或回转轨道用的机构 [1,2006.01]
E01B 25/30	·	磁悬浮或悬浮列车用的轨道 [1,2006.01]	E01B 27/18	··	在轨枕下铺设另外的新材料，例如，用定量铲斗法、吹送法 [1,2006.01]
E01B 25/32	··	定子、导轨或滑轨 [1,2006.01]			
E01B 25/34	··	道岔；辙叉；交叉 [1,2006.01]	E01B 27/20	··	夯实铺有轨道的道砟，例如，通过振动轨道、表面振动器（未铺轨道道砟的夯实入 E01B 27/02；轨枕的填实入 E01B 27/12）[1,2006.01]
E01B 26/00		E01B 1/00 至 E01B 25/00 中任何一个大组未包括的轨道或轨道部件 [1,2006.01]			

铺筑、维修、翻新或取出道碴或轨道；所用专门设计的工具和机械

E01B 27/00		道砟的铺设、翻新、养护、清筛或取出，与轨道同时或不同时施工；所用设备；轨枕的填实 [1,2006.01]	E01B 29/00		铺设、再建或取出轨道；所用工具或机械（E01B 27/00，E01B 31/00 优先）[1,2006.01]
			E01B 29/02	·	装配好的轨道、装配好的转辙器或装配好的交叉的运输、铺放、拆除或翻新（E01B 29/04 优先）[1,2006.01]
E01B 27/02	·	铺设道砟；铺筑道砟层；重新铺撒道砟材料；所用机械或设备；整平设备 [1,2006.01]			
			E01B 29/04	·	轨道的提升或找平（一般提升设备入 B66F）[1,2006.01]
E01B 27/04	·	清除道砟；所用设备，不管其是否是专门用来取出道砟（E01B 27/06，E01B 27/12 优先；重新铺撒道砟材料入 E01B 27/02）[1,2006.01]	E01B 29/05	·	钢轨和轨枕的同时运输、铺放、拆除或翻新（装配好的构件入 E01B 29/02）[1,2006.01]
			E01B 29/06	·	轨枕的运输、铺放、拆除或翻新（E01B 29/05 优先；装载设备入 B65G 7/12）[1,2006.01]
E01B 27/06	·	现场翻新或清筛道砟，与轨道同时或不同时施工 [1,2006.01]			
E01B 27/08	··	取出轨道（E01B 27/11 优先）[1,2006.01]	E01B 29/09	··	在安好的钢轨下面或从其下面 [1,2006.01]
E01B 27/10	··	不取出轨道（E01B 27/11 优先）[1,2006.01]	E01B 29/10	···	用于插入或拆除轨枕 [1,2006.01]
E01B 27/11	··	与轨道部件同时翻新 [1,2006.01]	E01B 29/11	····	包括用毁掉轨枕的方法进行拆除，例如，将轨枕切断 [1,2006.01]
E01B 27/12	·	轨枕的填实，与轨道同时或不同时施工；夯实支承轨道的道砟 [1,2006.01]			
E01B 27/13	··	轨枕的填实，与轨道同时或不同时施工（做成轨枕用的道砟带或道砟	E01B 29/13	···	沿与钢轨平行方向移动轨枕，例如，用于定距或调直（E01B 29/10 优先）[1,2006.01]
			E01B 29/14	···	把轨枕提到钢轨高度（一般提

E01B

	升设备入 B66F）［1，2006.01］
E01B 29/16	·运输、铺放、拆除或更换钢轨；轨道中的轨枕上的钢轨的移动（E01B 29/05 优先；一般移动或倾斜重载入 B65G 7/00）［1，2006.01］
E01B 29/17	··把多段钢轨组装成一排，例如，焊接在一起［1，2006.01］
E01B 29/20	··将铺在轨枕上的钢轨在轨道的平面上移动［1，2006.01］
E01B 29/22	··从轨枕上升高钢轨，例如，用于插入底板（一般提升设备入 B66F）［1，2006.01］
E01B 29/24	·固定或拆除可拆卸的固定装置或其附件；用可拆卸的固定装置固定预装轨道构件（E01B 29/02，E01B 31/26 优先）［1，2006.01］
E01B 29/26	··固定装置是道钉（E01B 29/16 优先；钉或 U 形钉的钉入或拔出用的手持钉具入 B25C）［1，2006.01］
E01B 29/28	··固定装置是螺丝和螺母（固定或移去螺丝或类似件的轻便工具入 B25B）；额外钻孔所用工具［1，2006.01］
E01B 29/29	···用于水平排列的固定部件，例如，鱼尾板螺栓［1，2006.01］
E01B 29/32	·不包括在上列各组内的组装或拆除轨道构件，例如，底板、钢轨防爬器（E01B 31/26 优先）［1，2006.01］
E01B 29/40	·在轨道内临时支撑轨道、钢轨或轨枕的方法或安排（临时用鱼尾板入 E01B 11/18）［1，2006.01］
E01B 29/42	·不可拆卸地连接或固定轨道构件于道内或轨道上，例如，焊接、胶接；采用胶接方法预装轨道构件；用填料密封接缝（E01B 31/26 优先；单独加热设备入 E01B 31/18；一般焊接入 B23K；一般胶接金属构件入 F16B 11/00）［1，2006.01］
E01B 29/44	··使轨道钢轨连接的方法，例如，考虑外界温度［1，2006.01］
E01B 29/46	··用于钢轨末端的握持、定位或推进连接的设备（移动钢轨调整接头入 E01B 29/20）［1，2006.01］
E01B 31/00	**在轨道内或轨道上加工钢轨、轨枕、支承板或类似构件；所用特殊施工工具、机械及辅助设备**（与装配好的轨道使用方式无关的特征入 B21，B23 至 B25，B27）［1，2006.01］
E01B 31/02	·现场加工轨条或其他金属轨道构件［1，2006.01］
E01B 31/04	··切断或切开，例如，用锯、剪、火焰切割法［1，2006.01］
E01B 31/06	··打孔，例如，用钻、冲、火焰切割法［1，2006.01］
E01B 31/08	··弯曲，例如，用于调直钢轨或钢轨接头（准直钢轨末端便于焊接的入 E01B 29/46）［1，2006.01］
E01B 31/12	··清除钢轨、钢轨接头或底板处的金属，例如，清除焊接点的毛刺，重新修复磨损钢轨［1，2006.01］
E01B 31/13	···用铣削方法［1，2006.01］
E01B 31/15	···用刨平或锉平法［1，2006.01］
E01B 31/17	···通过打磨［1，2006.01］
E01B 31/18	··现场重新修复或修理磨损或损坏的部件，例如，用嵌入材料法或焊接修补钢轨（E01B 31/04 至 E01B 31/12 优先）；现场加热或冷却部件，例如，用于缩小接头间隙、硬化钢轨［1，2006.01］
E01B 31/20	·在轨道内或轨道上加工或处理非金属轨枕，例如，打标记，进行油浸（金属轨枕加工入 E01B 31/02）［1，2006.01］
E01B 31/22	··木轨枕的切割或打磨，例如，加工成轨座（E01B 31/24 优先）［1，2006.01］
E01B 31/23	···切割成段（与从轨道移走被切割下来的段结合入 E01B 29/11）［1，2006.01］

E01B 31/24	··在轨枕上形成、处理、修复或清理孔洞；垫木钻孔（E01B 29/28, E01B 31/26优先）[1,2006.01]	E01B 33/18	··特殊机械的不特殊的细部构件[1,2006.01]
E01B 31/26	··插入或清除轨枕孔洞内的插塞或填充物，例如，塞子或套筒[1,2006.01]	E01B 33/21	···移动轨道用滚筒的装置或构造[1,2006.01]
E01B 31/28	··设置或移去防裂或类似的加固装置（E01B 31/26优先；所用条或带入E01B 3/08）[1,2006.01]	E01B 35/00	修筑轨道用的测量仪器或设备的应用（机车或车辆上用的显示或记录不良轨段的仪器入B61K 9/00；一般测量角度、直线尺寸或不规则形状入G01B, G01C）[1,2006.01]
E01B 33/00	提升移动或不提升移动轨道的机械或设备，例如，用于准直轨道、移动挖掘机轨道（与轨枕填实机结合入E01B 27/17）[1,2006.01]	E01B 35/02	·用于定距；用于横向找平；用于曲线定位[1,2006.01]
E01B 33/02	·旋转设备，例如，横向步移设备[1,2006.01]	E01B 35/04	··装有轮子的设备[1,2006.01]
E01B 33/04	··手动工具；不装在车辆上的设备[1,2006.01]	E01B 35/06	·用于测量纵向不规则形状[1,2006.01]
E01B 33/06	·连续操作的旋转机械，例如，用于支承挖掘机轨道[1,2006.01]	E01B 35/08	··用于水准测量[1,2006.01]
E01B 33/08	··臂杆式轨道旋转机[1,2006.01]	E01B 35/10	··用于准直[1,2006.01]
E01B 33/10	··桥式轨道旋转机[1,2006.01]	E01B 35/12	·用于测量在车轮荷载作用下轨道或其部件移动，例如，轨枕的沉陷、轨距的增大[1,2006.01]
E01B 33/12	··臂杆式和桥式组合的轨道旋转机[1,2006.01]	E01B 37/00	E01B 27/00至E01B 35/00各组中不包括的铺筑、养护、翻新、取道砟或轨道[1,2006.01]

E01C 道路、体育场或类似工程的修建或其铺面；修建和修复用的机械和附属工具

（用夯实或平整冰雪的方法筑成道路或类似铺面入E01H）

小类索引

设计；基础	1/00；3/00, 13/00
道路、运动场或类似工程的铺面	
普通铺面	5/00, 7/00
特殊铺面	9/00, 13/00, 15/00
细部构件	11/00, 17/00
道路、运动场或类似工程的修建与修复	21/00, 19/00, 23/00

E01C 1/00	道路的设计或布置，例如，便于减少噪声或吸收排气（体育场的设计或布置入		A63C 19/00；飞机场的设计或布置入B64F）[1,2006.01]

E01C

E01C 1/02	·道路的平面交叉、平面会合点或平面互相连接 [1,2006.01]		E01C 7/02	·不用胶结材料,只用碎石铺筑 [1,2006.01]
E01C 1/04	·道路的立体交叉;立体道路的互相连接 [1,2006.01]		E01C 7/04	··用碎石、砾石或类似材料铺筑 [1,2006.01]

道路、运动场、体育场、飞机场的结构

E01C 3/00　铺面基础（专门适用于运动场或体育场入 E01C 13/02；一般基础入 E02D）[1,2006.01]

E01C 3/02　·沥青铺面的混凝土路基 [1,2006.01]

E01C 3/04　·通过稳定土壤铺筑路基 [1,2006.01]

E01C 3/06　·路基的防潮、防冻或防震的方法或装置 [1,2006.01]

E01C 5/00　用预制砌块铺砌的铺面（专门适用于运动场或体育场入 E01C 13/04；专门适用于小路、人行道或自行车道入 E01C 15/00；人造石的生产入 C04B；建筑石材入 E04C；地板入 E04F）[1,2006.01]

E01C 5/02　·用天然石铺砌,例如,块石 [1,2006.01]

E01C 5/04　·用砖铺砌 [1,2006.01]

E01C 5/06　·用水泥或类似胶结材料砌块铺筑 [1,2006.01]

E01C 5/08　··加筋砌块 [1,2006.01]

E01C 5/10　···预应力钢筋砌块 [1,2006.01]

E01C 5/12　·用沥青胶结材料砌块铺筑 [1,2006.01]

E01C 5/14　·用木块铺筑 [1,2006.01]

E01C 5/16　·用金属块铺筑（钢格栅入 E01C 9/10）[1,2006.01]

E01C 5/18　·用橡胶块铺筑 [1,2006.01]

E01C 5/20　·用塑料块铺筑（E01C 5/18 优先）[1,2006.01]

E01C 5/22　·用 E01C 5/02 至 E01C 5/20 内所列两个小组或两个以上小组的混合材料制成的砌块铺筑 [1,2006.01]

E01C 7/00　现场铺筑的凝结性铺面（专门适用于运动场或体育场入 E01C 13/06,专门适用于小路、人行道或自行车道入 E01C 15/00）[1,2006.01]

E01C 7/02　·不用胶结材料,只用碎石铺筑 [1,2006.01]

E01C 7/04　··用碎石、砾石或类似材料铺筑 [1,2006.01]

E01C 7/06　···用现场熔化、烧结或玻璃化的碎石铺筑 [1,2006.01]

E01C 7/08　·用碎石和胶结材料铺筑 [1,2006.01]

E01C 7/10　··用碎石和水泥或类似胶结材料铺筑（水泥或类似胶结材料、砂浆的成分入 C04B）[1,2006.01]

E01C 7/12　···砂浆结合的碎石铺面 [1,2006.01]

E01C 7/14　···混凝土铺面 [1,2006.01]

E01C 7/16　····预应力混凝土铺面 [1,2006.01]

E01C 7/18　··碎石和沥青胶结材料铺面 [1,2006.01]

E01C 7/20　···冷胶结材料,例如,天然沥青 [1,2006.01]

E01C 7/22　···热胶结材料,例如,热沥青 [1,2006.01]

E01C 7/24　···乳化液或溶液胶结材料（筑路用的悬浮液或乳化液的制造入 C04B）[1,2006.01]

E01C 7/26　···混有其他材料,例如,水泥、橡胶、皮革、纤维 [1,2006.01]

E01C 7/30　··碎石和其他胶结材料的铺面,例如,合成材料 [1,2006.01]

E01C 7/32　·用几层不同材料现场铺筑的铺面 [1,2006.01]

E01C 7/34　··用几层互不黏结的材料铺筑的铺面 [1,2006.01]

E01C 7/35　··敷面料;敷面料的混合、浇灌或铺撒方法 [1,2006.01]

E01C 7/36　·用土壤稳定方法铺筑 [1,2006.01]

E01C 9/00　特殊铺面（专门适用于运动场或体育场入 E01C 13/00；专门适用于小路、人行道或自行车道入 E01C 15/00）；**道路或飞机场特殊地段的铺面**（路面指示灯入

— 8 —

E01C

E01C 17/00；人孔或类似构筑物的盖子或框架入 E02D 29/14）［1,2006.01］

E01C 9/02	·轮轨（用于车辆导向的轨道入 E01B 25/28）［1,2006.01］
E01C 9/04	·铁路平面交叉口的铺面［1,2006.01］
E01C 9/06	·靠近电车轨道的铺面［1,2006.01］
E01C 9/08	·临时性铺面（钢格栅入 E01C 9/10）［1,2006.01］
E01C 9/10	·钢格栅（排水格栅入 E03F 5/06；用作一般建筑构件入 E04C）［1,2006.01］
E01C 11/00	**铺面细部构件**［1,2006.01］
E01C 11/02	·接缝的布置或构造；制作接缝的方法；填缝（不限于道路或飞机场铺面的密封接缝入 E04B 1/68）［1,2006.01］
E01C 11/04	··用于水泥混凝土铺面［1,2006.01］
E01C 11/06	···制作接缝的方法［1,2006.01］
E01C 11/08	···金属材料填缝［1,2006.01］
E01C 11/10	···塑料或弹性材料填缝［1,2006.01］
E01C 11/12	···金属和塑料或弹性材料填缝［1,2006.01］
E01C 11/14	···传力杆组装件［1,2006.01］
E01C 11/16	·筑路加强件（一般用于建筑入 E04C）［1,2006.01］
E01C 11/18	··用于水泥混凝土铺面［1,2006.01］
E01C 11/20	···用于预应力混凝土铺面［1,2006.01］
E01C 11/22	·边沟；路缘石（专门用于警示道路使用者的路缘石入 E01F 9/535）［1,2006.01］
E01C 11/24	·铺面防滑或免受气候影响的方法或装置［1,2006.01］
E01C 11/26	··固定的加热或吹喷设备［1,2006.01］
E01C 13/00	**专用于运动场或体育场的铺面或基础**（总体布置入 A63C 19/00）［1,2006.01］
E01C 13/02	·基础，例如，带有排水或加热装置［1,2006.01］
E01C 13/04	·由预制的单独块件构成的铺面（E01C 13/08，E01C 13/10 优先）［1,2006.01］
E01C 13/06	·现场制作的铺面（E01C 13/08，E01C 13/10 优先）［1,2006.01］
E01C 13/08	·模仿草的表面［1,2006.01］
E01C 13/10	·进行室外或室内雪或冰上体育运动的人工表面（E01C 13/08 优先；用于冬季运动或类似娱乐目的的雪或冰的制造入 F25C 3/00）［1,2006.01］
E01C 13/12	··用于雪上体育运动［1,2006.01］
E01C 15/00	**专用于小路、人行道或自行车道的铺面**［1,2006.01］
E01C 17/00	**路面灯，即指构成路面一部分的透光结构**（特殊设计的路标砌块入 E01F 9/524）［1,2006.01］

道路或其他类似结构物表面的修建、修复用的机器、工具或辅助设备

E01C 19/00	**制备或铺撒铺面材料用的，对堆放材料进行加工用的，构成、固结、修饰铺面用的机器、工具或辅助设备**（路面稳定入 E01C 21/00；铺面修复或维修用的特殊设备入 E01C 23/00）［1,2006.01］
E01C 19/02	·铺面材料的制备用［1,2006.01］
E01C 19/05	··破碎、磨碎或粉碎设备（一般入 B02C）；骨料的筛分、清洗或加热设备［1,2006.01］
E01C 19/08	··输送和熔化地沥青、沥青、焦油沥青及类似材料的设备（熔化焦油沥青、地沥青或类似物的一般固定式锅炉入 C10C 3/12）［1,2006.01］
E01C 19/10	··骨料或填料与非水硬性胶结材料，例如，沥青或树脂的预拌或预涂的设备或装置；摊铺前非水硬性胶结材料的预拌设备或重新恢复用过的非水硬性组合料的设备［1,2006.01］
E01C 19/12	·粒状或液态材料铺撒用（E01C 23/07

E01C

优先；缝或槽的填充用入 E01C 23/02，E01C 23/09）[1,2006.01]

E01C 19/15 ··铺设无涂层碎石或类似材料或用来将上述材料刮平、摊铺而不进行夯实，例如，用于碎石基层、铺面砂垫层（E01C 19/52 优先；铺撒入 E01C 19/20）[1,2006.01]

E01C 19/16 ··添加或摊铺液体材料，例如，沥青稀浆的设备（E01C 19/45，E01C 23/02，E01C 23/03，E01C 23/16 优先；一般在表面上喷或撒液体材料或其他流体材料入 B05）[1,2006.01]

E01C 19/17 ···使用喷洒法[1,2006.01]

E01C 19/18 ··拌有胶结材料，例如，水泥、沥青的不需固结和压平的碎石铺撒设备（E01C 19/20，E01C 19/47 优先；混凝土或类似材料的输送设备入 B65G）[1,2006.01]

E01C 19/20 ··铺撒，例如，摊铺颗粒状或粉状材料用的设备，例如，砂子、卵石、盐、干胶结材料（化肥铺撒机入 A01C 15/00）[1,2006.01]

E01C 19/21 ··带或不带摊铺、可同时但又分别地加添液态和颗粒状或粉状材料，例如，沥青和粗砂[1,2006.01]

E01C 19/22 ·固结或修整已铺设的未凝固材料用的设备（E01C 23/02 优先；一般产生振动的设备入 B06B）[1,2006.01]

E01C 19/23 ··所用压路机；也能用于压实土壤的压路机（E01C 19/43 优先；专用于农业入 A01B 29/00；用于花园的压滚入 A01G 20/35；制造或保持雪或冰面用入 E01H 4/00；只用于压实土壤入 E02D 3/026）[1,2006.01]

E01C 19/24 ···手推式（E01C 19/27 至 E01C 19/29 优先）[1,2006.01]

E01C 19/25 ···用兽力或机动车带动（E01C 19/26 至 E01C 19/29 优先）[1,2006.01]

E01C 19/26 ···自行式或装在道路车辆上（E01C 19/27 至 E01C 19/29 优先）[1,2006.01]

E01C 19/27 ···带弹性变形碾压部件，例如，气胎（振动或冲击入 E01C 19/28）[1,2006.01]

E01C 19/28 ···振动压路机或受到冲击，例如，锤击的压路机（E01C 19/29 优先）[1,2006.01]

E01C 19/29 ···碾压压力小于其重量的碾压设备，例如，在路轨上行驶的滚筒式整面机[1,2006.01]

E01C 19/30 ··除压路机外的夯实或振动设备（E01C 23/02，E01C 23/04 优先；振动浇注设备入 E01C 19/12；夯实或振动式压路机入 E01C 19/28；一般手提式振动工具入 B25D；一般夯实或振动土壤用入 E02D 3/046）[1,2006.01]

E01C 19/32 ···手扶式手动操作的夯或夯实器[1,2006.01]

E01C 19/34 ···机动夯或夯实器[1,2006.01]

E01C 19/35 ···手扶式或手导向工具（E01C 19/36 至 E01C 19/40 优先）[1,2006.01]

E01C 19/36 ····带直接作用的爆炸室[1,2006.01]

E01C 19/38 ····带专用于产生振动的装置[1,2006.01]

E01C 19/40 ····铺面光面修整用，例如，夯实或振动式整面机[1,2006.01]

E01C 19/41 ··带碾压工具又带夯实或振动工具的设备[1,2006.01]

E01C 19/42 ··不用碾压、夯实或振动的方式对刚铺设的铺面层进行光面修整的设备（只用于摊铺入 E01C 19/12）[1,2006.01]

E01C 19/43	··使刚铺设的铺面表面粗糙或形成图案的机器或装置，例如，刻凹槽压路机 [1,2006.01]
E01C 19/44	··除压路机、夯实机、振动器以外的手动操作工具，专门用于使新铺设的铺面层具备所需的光洁度（E01C 19/43 优先）[1,2006.01]
E01C 19/45	·制备或制备和向道路添加复合液态胶结材料，例如，乳化沥青、软制地沥青用的轻便设备（单独添加设备入 E01C 19/16）[1,2006.01]
E01C 19/46	·制备和铺撒材料用（E01C 19/45 优先；混合骨料与胶结材料进行铺面入 E01C 21/00）[1,2006.01]
E01C 19/47	··带筑路专用的铺撒器的水硬性水泥混凝土搅拌机（混凝土搅拌机本身入 B28C）[1,2006.01]
E01C 19/48	·铺设材料并将其压实或修整路面用 [1,2006.01]
E01C 19/50	·筑路用的可拆卸模或模板（E01C 23/02，E01C 23/04 优先；永久性模入 E01C 3/00 至 E01C 7/00；滑动模入 E01C 19/48）；现场制作单个铺面件，例如，路缘石用的设备或装置 [1,2006.01]
E01C 19/52	·铺设单个预制铺面件，例如，路缘石用的设备（预制和铺设连续板条用入 E01C 19/46；现场制造铺面件入 E01C 19/50）[1,2006.01]
E01C 21/00	筑路或类似目的用的稳定路面的设备或方法，例如，拌和骨料与胶结材料（现有铺面下的土壤稳定入 E01C 23/10；土壤改良或土壤稳定材料入 C09K 17/00；一般土壤固结入 E02D 3/12）[1,2006.01]
E01C 21/02	·现场熔化、煅烧或焙烧土壤 [1,2006.01]
E01C 23/00	建造、修理、修复或去除道路或类似铺面用的辅助设备或装置（重新恢复用过的非水硬性组合料用的设备入 E01C 19/10）[1,2006.01]
E01C 23/01	·新铺面的放样或外形检查的设备或辅助装置，例如，模板、样板支架（模板导轨入 E01C 19/50）；测定、标示、记录现有铺面外形的设备的应用，例如，纵剖面图（E01C 23/07 优先；一般测量粗糙度或不平整度入 G01B）[1,2006.01]
E01C 23/02	·在尚未凝固的铺面上制作、处理或填充槽或类似沟的设备，例如，接缝或作标记用的设备（做铺面花样入 E01C 19/43）；所用可拆卸模（不能拆卸的模入 E01C 11/02）；在未凝固的铺面中插入插塞或可拆除的插塞支架的设备（E01C 23/04 优先；不能拆除的插塞支架入 E01C 11/02）[1,2006.01]
E01C 23/03	·铺面的养护装置；用于放置养护装置的设备；铺设预制底层的设备，例如，铺设薄片、薄膜（钢筋构件入 E01C 23/04）；在建造或养护期内铺面的保护，例如，帐篷（路栏入 E01F 13/00）[1,2006.01]
E01C 23/04	·铺设钢筋构件或接缝条的设备；可拆除的钢筋构件支撑（所用不能拆除的支撑入 E01C 11/16；用于支撑加强件的边模入 E01C 19/50）；在铺面上铺设，例如，预应力加强件所必需的水平管用的设备，例如，可拆除的模 [1,2006.01]
E01C 23/05	·装拆模的设备 [1,2006.01]
E01C 23/06	·对完成的路面进行加工的设备或装置（刚铺设铺面的整修设备入 E01C 19/42 至 E01C 19/44，E01C 23/02；采矿风镐入 E21C 35/18）；破损铺面的表面修复设备 [1,6,2006.01]
E01C 23/07	··能测定铺面的外形又能根据测出的铺面不平整度按比例添加材料的设备（单纯测定设备入 E01C 23/01）[1,2006.01]

E01C 23/08	··使铺面拉毛或做花样的设备；清除粘在铺面上的凸出斑块或物料的设备，例如，标记（清除不粘在铺面上的物料的设备入 E01H 1/00；拉毛冰或除冰设备入 E01H 5/12）[1,2006.01]	E01C 23/14	·基础、铺面或基础、铺面上面的材料，例如，涂料的加热或干燥（E01C 23/03 优先；与铺面结构一体的加热或干燥设备入 E01C 11/26；现场熔化、焙烧或煅烧土壤以稳定路面用入 E01C 21/02；清洗街道的设备入 E01H 1/08；融化路面上的冰雪的设备入 E01H 5/10）[1,2006.01]
E01C 23/082	···采用非机动工具[6,2006.01]		
E01C 23/085	···采用机动工具，例如，振动工具[6,2006.01]	E01C 23/16	·在完成的铺面上标出、添置或形成交通或类似标记的设备（E01C 23/14 优先；在未凝固的铺面上插入或修建标记的设备入 E01C 23/02；在完全凝固的铺面上挖坑的设备入 E01C 23/09；标记球场或运动场的设备入 A63C 19/06；一般在表面上添加液体或其他流体材料的设备入 B05；道路表面标记本身入 E01F 9/50）；新标记的保护[6,2006.01]
E01C 23/088	····旋转工具，例如，磨削机[6,2006.01]		
E01C 23/09	·用于形成槽、沟或坑，例如，用于制作接缝或标记用的沟，切断待拆除的路段用；清洗、处理或填充沟、槽、坑或缝用；整修铺面边缘用[1,2006.01]		
E01C 23/10	·填高或平整下陷铺面用；填充铺面下孔洞用；往下部结构送料用（一般土壤固结入 E02D 3/12）[1,2006.01]	E01C 23/18	··铺设预制标志用[6,2006.01]
		E01C 23/20	··现场形成标志用[6,2006.01]
		E01C 23/22	···通过喷涂[6,2006.01]
E01C 23/12	··去、扯裂或破碎铺面用（能摊铺又能拆除铺面的设备入 E01C 19/52）[1,2006.01]	E01C 23/24	···通过浇铸[6,2006.01]

E01D　桥梁（在航站楼和飞机之间架设的供乘客上下飞机用的桥入 B64F 1/305）

附注 [6]

在本小类中，最好加入组 E01D 101/00 中的引得码。

小类索引

一般的桥梁 ··· 1/00
以支承桥跨结构截面为特征的桥梁 ··· 2/00
以结构类型为特征的桥梁 ·· 4/00 至 15/00
以功能为特征的桥梁 ·· 18/00
细部构件 ··· 19/00
架设或装配桥梁 ·· 21/00
维修或加固现有桥梁 ··· 22/00
拆除桥梁 ··· 24/00

E01D 1/00	一般的桥梁（以结构类型为特征入E01D 4/00至E01D 15/00）[1,6,2006.01]		E01D 15/20	··可折叠，可膨胀，可充气或类似方式（E01D 15/22优先）[6,2006.01]
E01D 2/00	以支撑桥跨结构截面为特征的桥梁[6,2006.01]		E01D 15/22	··设计成车辆或装在车辆上[6,2006.01]
E01D 2/02	·I字型梁[6,2006.01]		E01D 15/24	·陆上或固定结构上的用来提供通向船或其他浮体结构的通路的桥或类似结构[6,2006.01]
E01D 2/04	·箱型梁[6,2006.01]			
E01D 4/00	拱桥[6,2006.01]			
E01D 6/00	桁架桥[6,2006.01]		E01D 18/00	专门适用于特殊场合或功能的别处不包括的桥，例如，高架渡槽、支承管线的桥[6,2006.01]
E01D 6/02	·弓弦式[6,2006.01]			
E01D 11/00	悬索或斜拉桥[1,6,2006.01]		E01D 19/00	桥梁细部构件[1,2006.01]
E01D 11/02	·悬索桥[6,2006.01]		E01D 19/02	·桥墩；桥台（基础入E02D）[1,2006.01]
E01D 11/04	·斜拉桥[6,2006.01]		E01D 19/04	·支座，铰合部件[1,2006.01]
E01D 12/00	其特征在于结构的组合、作为整体不包括在组E01D 2/00至E01D 11/00的单一组中的桥[6,2006.01]		E01D 19/06	·伸缩缝的布置、修建或连接[1,2006.01]
			E01D 19/08	·防潮层或其他隔离层；排水装置或设备[1,2006.01]
E01D 15/00	活动式或轻便式桥（船上的舱外坡道或舷梯的布置入B63B 27/14；承载坡道入B65G 69/28）；浮桥[1,2006.01]		E01D 19/10	·栏杆；烟或气的防护装置，例如，机车的；维修用的移动车；桥上管道或缆索的固定[1,2006.01]
E01D 15/02	·垂直升降桥[1,2006.01]			
E01D 15/04	·平旋桥[1,2006.01]		E01D 19/12	·桥梁的格栅或桥面；桥上铁路轨枕或轨道的固定[1,2006.01]
E01D 15/06	·竖旋桥；滚动式竖旋桥，例如，Scherzer桥[1,2006.01]			
			E01D 19/14	·塔；锚；鞍式支座[6,2006.01]
E01D 15/08	··吊桥[1,2006.01]		E01D 19/16	·悬索；悬索用夹具[6,2006.01]
E01D 15/10	·移动桥；滑动桥；转筒式桥，即沿纵轴旋转，用以反转和提高道路[1,2006.01]		E01D 21/00	专用于架设或装配桥梁的方法或设备[1,6,2006.01]
			E01D 21/06	·通过桥或桥节段的转化运动[6,2006.01]
E01D 15/12	·轻便或分段装配式桥（浮桥入E01D 15/14）[1,2006.01]			
			E01D 21/08	·通过桥或桥节段的转动[6,2006.01]
E01D 15/127	··与用于运送、处理或放置桥或桥的节段的地面支承车辆相结合[6,2006.01]		E01D 21/10	·悬臂架设[6,2006.01]
			E01D 22/00	维修或加固现有桥梁的方法或设备[6,2006.01]
E01D 15/133	··由容易分离的标准节段或部件构成，例如，贝雷桥（活动便桥）（E01D 15/127优先）[6,2006.01]			
			E01D 24/00	拆除桥梁的方法或设备[1,2006.01]
E01D 15/14	·浮桥，例如，浮船桥（登陆桥入E01D 15/24；浮体或浮筒入B63B）[1,6,2006.01]			

涉及桥梁结构的材料，与E01D 1/00至E01D 22/00组联合使用[6]

E01D，E01F

E01D 101/00　桥梁的材料组成 [6,2006.01]

E01D 101/10　·木材 [6,2006.01]
E01D 101/20　·混凝土、石料或类似石的材料 [6,2006.01]
E01D 101/22　··砌石；砖 [6,2006.01]
E01D 101/24　··混凝土 [6,2006.01]
E01D 101/26　···加钢筋 [6,2006.01]
E01D 101/28　····预应力 [6,2006.01]
E01D 101/30　·金属（E01D 101/26 优先）[6,2006.01]
E01D 101/32　··预应力 [6,2006.01]
E01D 101/34　··非铁，例如，铝 [6,2006.01]
E01D 101/40　·塑料 [6,2006.01]

E01F　附属工程，例如，道路设备和月台、直升机降落台、标志、防雪栅或类似物的修建

小类索引

道路或铁路用的装置 ·· 1/00，5/00 至 8/00
便于道路使用的装置 ·· 9/00 至 15/00
直升机降落台 ··· 3/00

道路或铁路附属设备的布置和修建；直升机降落台

E01F 1/00　月台或安全岛的修建（一般铁路月台布置入 B61B）[1,2006.01]

E01F 3/00　直升机降落台，例如，设置在建筑物上（飞机场布置入 B64F；特殊用途的建筑物或类似的结构物入 E04H）[1,2006.01]

E01F 5/00　道路底层或铁路道碴层的沟槽、涵洞、管道排水（地下排水入 E02D；污水管道入 E03F）[1,2006.01]

E01F 7/00　防雪、流砂、侧风影响、雪崩、崩塌或岩石崩塌的设备（用于道路的固定加热或吹喷设备入 E01C 11/26）；防眩光装置 [1,2006.01]

E01F 7/02　·防雪栅或类似设备，例如，防流砂、侧风影响的设备（一般栅栏入 E04H 17/00）[1,2006.01]

E01F 7/04　·防雪崩、崩塌或岩石崩塌的设备，例如，防止崩塌的结构物或穿廊（边坡稳定入 E02D 17/20；屋顶集雪器入 E04D 13/10）[1,2006.01]

E01F 7/06　·防眩光装置（E01F 8/00 优先）[1,3,2006.01]

E01F 8/00　道路或铁路交通的经空气传导的噪声的吸收或反射装置（用于降低飞机噪声的地面装置入 B64F 1/26；用于吸收或反射噪声的一般建筑结构，建筑物的噪声吸收或反射装置入 E04B 1/74）[3,2006.01]

E01F 8/02　·专用于维持植物生长或容纳植物（植物培养用的容器入 A01G 9/02；固定坡面或斜面入 E02D 17/20；挡土墙或防护墙入 E02D 29/02）[6,2006.01]

便于道路使用的装置

E01F 9/00　道路标志或交通信号装置；进行警告的装置（阻挡或限制交通入 E01F 13/00）[1,6,2006.01,2016.01]

E01F 9/20　·光导的使用，例如，光导纤维设备 [2016.01]

E01F 9/30　·带有除可视方式的发射机或接收机的交互装置，例如，使用雷达反射器或

	无线电发射机（E01F 11/00 优先）[2016.01]
E01F 9/40	·对不利大气条件作出响应的设施，例如，给出道路结冰信号或雾天自动发光；以加热或干燥方式为特征的装置 [2016.01]
E01F 9/50	·路面标志；专门适用于提醒道路使用者的路缘石或道路边缘（用于使车辆改向入 E01F 15/00）[2016.01]
E01F 9/506	··以路面标志材料为特征，例如，含有增加摩擦力或反射率的添加剂；将标志形成、安装或施加在路面内或上或到路面的方法 [2016.01]
E01F 9/512	··预制的路面标志，例如，片状材料；施加预制标志的方法 [2016.01]
E01F 9/518	··现场形成的，例如，通过喷漆、通过浇筑在路面内或通过路面变形 [2016.01]
E01F 9/524	··专门适用于合并或应用到路面标志的反射构件 [2016.01]
E01F 9/529	·专门适用于产生声音或振动信号，例如，振动带；专门适用于加强减速，例如，减速带 [2016.01]
E01F 9/535	·专门适用于提醒道路使用者的路缘石或道路边缘 [2016.01]
E01F 9/541	··路缘石 [2016.01]
E01F 9/547	··发光的 [2016.01]
E01F 9/553	·矮离散体，例如，标志块、钉柱或柔性车辆撞击构件 [2016.01]
E01F 9/559	··发光 [2016.01]
E01F 9/565	··具有可偏转或可活动构件 [2016.01]
E01F 9/571	···可在荷载下垂直活动，例如，与旋转结合 [2016.01]
E01F 9/576	·交通线 [2016.01]
E01F 9/582	··发光 [2016.01]
E01F 9/588	··用于物理隔离交通车道、妨碍但并不能阻止穿行的车道反光导标 [2016.01]
E01F 9/594	···可移动以便在不同方向上再利用 [2016.01]
E01F 9/60	·直立件，例如，标志牌或标志柱；道路标志支承件 [2016.01]
E01F 9/604	··专门适用于特殊标志目的，例如，标志转弯、道路施工或人行道交叉口 [2016.01]
E01F 9/608	··用于指示、警告或控制交通，例如，指示灯柱或里程标 [2016.01]
E01F 9/612	··专用于指示新施加的道路路面标记，例如，用于跨线 [2016.01]
E01F 9/615	··发光 [2016.01]
E01F 9/619	·带反射体；带保持反射体干净的装置 [2016.01]
E01F 9/623	·以形状或结构为特征，例如，可变形或偏转 [2016.01]
E01F 9/627	··在变形或偏转后自动复原 [2016.01]
E01F 9/631	··专门适用于在变形或偏转时，例如车辆冲击时，发生破碎、脱离、折叠或永久变形 [2016.01]
E01F 9/635	···用剪切或撕裂，例如，有薄弱区 [2016.01]
E01F 9/638	···凹凸插接式的连接，例如，装入弹簧 [2016.01]
E01F 9/642	···摩擦联接 [2016.01]
E01F 9/646	··可伸长、可折叠或枢接（E01F 9/627，E01F 9/631 优先）[2016.01]
E01F 9/65	··具有可旋转、可摆动或可调整的标记或标志（E01F 9/646 优先）[2016.01]
E01F 9/654	··三维体形式，例如，锥状；能呈现三维形式，例如，可膨胀或可组装形成几何体 [2016.01]
E01F 9/658	·以固定方式为特征 [2016.01]
E01F 9/662	··安装在车辆上，例如，服务车辆；随同道路养护设施移动的警告车

	辆，例如，遥控 [2016.01]
E01F 9/669	··· 用于固定到防撞护栏或类似物 [2016.01]
E01F 9/673	··· 用于支持标志柱或类似物 [2016.01]
E01F 9/677	···· 标志柱可不用工具拆卸，例如，凹凸插接型 [2016.01]
E01F 9/681	···· 标志柱用可拆卸零件紧固，例如，螺杆或螺栓 [2016.01]
E01F 9/685	···· 用土埋置的方式，例如，基础 [2016.01]
E01F 9/688	·· 自由直立体 [2016.01]
E01F 9/692	·· 所用便携基础构件 [2016.01]
E01F 9/696	· 高架结构，例如，信号机架；所专用的基础 [2016.01]
E01F 9/70	· 存放、运输、放置或回收轻便装置 [2016.01]
E01F 11/00	铺面或其他路面内埋入的衬垫或其他传感装置（压力传感元件入 G01L；交通控制系统入 G08G）[1,2006.01]
E01F 13/00	阻挡或限制交通的装置，例如，门、路障（用于铁道交叉口入 B61L）[1,2006.01]
E01F 13/02	· 自由直立的 [6,2006.01]
E01F 13/04	· 活动的以便允许或防止通行 [6,2006.01]
E01F 13/06	·· 绕与道路方向相平行的水平轴旋转进入打开位置，例如，旋转门 [6,2006.01]
E01F 13/08	·· 绕路面的横轴旋转进入关闭位置，例如，路面的可倾斜部分，可倾斜的停车标线柱 [6,2006.01]
E01F 13/10	· 仅允许沿一个方向通行用的拦车路障 [6,2006.01]
E01F 13/12	· 用于强迫扣住车辆或使其瘫痪，例如，带钉垫 [6,2006.01]
E01F 15/00	**用于使行驶的车辆减速、反向或阻停失控车辆的安全装置，例如，护柱或路桩；用来减小由车辆冲击而造成的对路旁结构损坏的装置**（将标志或信号固定于安全护栏或类似物上的装置入 E01F 9/669；强迫扣住车辆用入 E01F 13/00）[1,6,2006.01]
E01F 15/02	· 沿道路延伸的或位于车道之间的连续性护栏（横跨车道的分离装置入 E01F 9/588）[6,2006.01]
E01F 15/04	·· 主要由纵向梁或刚性带构成（E01F 15/10，E01F 15/12 优先）[6,2006.01]
E01F 15/06	·· 主要由绳索、网或类似物构成（E01F 15/10，E01F 15/12 优先；崩塌岩石的防护入 E01F 7/04；飞机起落架的捕获入 B64F 1/02）[6,2006.01]
E01F 15/08	·· 主要由墙或墙状构件构成（E01F 15/10，E01F 15/12 优先）[6,2006.01]
E01F 15/10	·· 可移动，例如，临时使用 [6,2006.01]
E01F 15/12	·· 并且具有可提供临时通道的装置，例如，用于应急车辆 [6,2006.01]
E01F 15/14	· 用于局部防护的，例如，桥墩、道路安全岛 [6,2006.01]

E01H 街道清洗；轨道清洗；海滩清洗；陆地清洗；一般驱雾（可转换为对草地或其他表面进行清扫或清洗，例如，除雪的设备，或能够对草地或其他表面进行清扫或清洗的割草机入 A01D 42/06；一般清洗入 B08B）[4]

小类索引

街道清洗 ·· 1/00，3/00，5/00，6/00，11/00

冰或雪表面的制作或维护；防滑力的改进		4/00；10/00
轨道清洗		8/00，11/00
海滩清洗		12/00
陆地的其他清洗		15/00
驱雾		13/00

E01H 1/00　喷湿或不喷湿路面清除道路或类似路面上的废物（清除雪或冰块入 E01H 5/00；电车轨道的清洗入 E01H 8/00；安装在车辆上的障碍物清除器入 B60R 19/00；与铺设沥青或类似材料相结合入 E01C 19/16；与喷涂交通线相结合入 E01C 23/16）[1,2006.01]

E01H 1/02　·洗刷设备（E01H 1/08 至 E01H 1/14 优先；一般刷子入 A46B）[1,2006.01]

E01H 1/04　··清理成堆垃圾的，例如，用于收集、装载 [1,2006.01]

E01H 1/05　··有驱动刷子（E01H 1/04 优先）[1,2006.01]

E01H 1/08　·气动去除或取出废物（一般吸尘器入 A47L 5/00 至 A47L 9/00）；只用加热或气流进行干燥（永久性安装的加热或吹喷装置入 E01C 11/26；筑路或修路用的加热或干燥装置入 E01C 23/14；用喷射研磨颗粒进行清理（一般喷砂装置入 B24C）[1,2006.01]

E01H 1/10　·水力松开或去除废物（固定式冲洗设备入 E01H 3/04）；耙或刮的设备（手用工具入 E01H 1/12）[1,2006.01]

E01H 1/12　·手用工具，例如，小型锄（耙子入 A01D 7/00）[1,2006.01]

E01H 1/14　·利用磁效应清除 [1,2006.01]

E01H 3/00　将液体洒到道路或类似路面上，例如，用于灰尘控制；固定式冲洗设备（与清除废物相结合入 E01H 1/00；喷头、其他喷嘴入 B05B）[1,2006.01]

E01H 3/02　·移动式设备，例如，洒水车（车辆特性入 B60P 3/22；铺面用添加液体材料的设备入 E01C 19/16）[1,2006.01]

E01H 3/04　·固定式设备，例如，永久安装式冲洗设备（给水栓入 E03B 9/02）[1,2006.01]

E01H 4/00　以适于交通或体育运动为目的对雪面或冰面的处理，例如，通过压实积雪（人工造雪入 F25C 3/04）[1,4,2006.01]

E01H 4/02　·用于体育运动，例如，滑雪道的整备（用于冬季运动或类似娱乐目的冰或雪的制造入 F25C 3/00）[4,2006.01]

E01H 5/00　清除道路或类似路面上的积雪或冰块；平整或拉毛冰雪（用除冰剂入 E01H 10/00；安装在车辆上的障碍物清除设备入 B60R 19/00；砂、砾石、盐类的铺撒器入 E01C 19/20）[1,4,2006.01]

E01H 5/02　·手用工具（E01H 5/04，E01H 5/10，E01H 5/12 优先）[1,2006.01]

E01H 5/04　·用畜力或发动机动力推进的设备；用手推进的带有驱动去除或传送元件的设备，例如，气动传送（E01H 5/10，E01H 5/12 优先）[1,2006.01]

E01H 5/06　··不用驱动元件去除冰雪，例如，铲运机的刮刀 [1,2006.01]

E01H 5/07　···并且用驱动或气动装置传送去除冰雪 [1,2006.01]

E01H 5/08　··主要是用驱动元件去除冰雪 [1,2006.01]

E01H 5/09　···元件沿着闭合圆形路线旋转或移动，例如，旋转式切割器、挖掘轮 [1,2006.01]

E01H 5/10	·用加热法（固定的吹喷或铺面加热设备入 E01C 11/26）[1,2006.01]
E01H 5/12	·破碎、分离或疏松结冰层或硬雪层的设备或用具 [1,2006.01]
E01H 6/00	配备有或具有清除垃圾或类似物和清除冰或雪这两种元素的设备（E01H 8/10 优先）[1,2006.01]
E01H 8/00	清除铁路轨道上的废物；清除电车道上的废物（E01H 1/00 至 E01H 6/00 优先）[1,2006.01]
E01H 8/02	·清除铁路轨道冰雪的方法或设备，例如，使用扫雪机（只能在钢轨上或轨缘企口上用入 E01H 8/10）[1,2006.01]
E01H 8/04	··不用驱动装置 [1,2006.01]
E01H 8/06	··用驱动工具 [1,2006.01]
E01H 8/08	··用加热法（加热轨道设备入 E01B 19/00）[1,2006.01]
E01H 8/10	·清除钢轨、轨缘企口上或类似物上的废物，例如，清除钢轨接触处的冰及轨缘企口内的淤泥（装在轨道上的加热、吹喷或液体冲洗设备入 E01B 19/00；轨道用的固定式排水设备入 E01B 21/02；从钢轨上清除道碴入 E01B 27/04）[1,2006.01]
E01H 8/12	··企口钢轨、轮缘槽或类似物专用的清除设备 [1,2006.01]
E01H 10/00	冰封或其他湿滑路面上的防滑，例如，铺撒沙砾或解冻材料（用工具拉毛冰块表面入 E01H 5/12；在钢轨上加解冻剂入 E01H 8/10；解冻材料入 C09K 3/18；构造上的防滑措施入 E01C 11/24）[1,2006.01]
E01H 11/00	在道路或铁路轨道上不希望有的草木的控制（一般销毁不希望有的草木入 A01M 7/00 至 A01M 15/00，A01M 21/00；包括道碴处理的除草入 E01B 27/00）；在轨道上施加水、除草剂、沥青等液体（轨道专用入 E01H 8/10；轨枕防腐用入 E01B 31/20）[1,2006.01]
E01H 12/00	海滩清洗 [1,2006.01]
E01H 13/00	一般驱雾，例如，道路驱雾、飞机场驱雾 [1,2006.01]
E01H 15/00	未列入其他组的清除陆地上的废物，例如，垃圾（清除土壤中的石块、树根或类似物的捡拾器入 A01B 43/00）[1,2006.01]

E02 水利工程；基础；疏浚

E02B 水利工程（提升船舶入 E02C；疏浚入 E02F）

小类索引

一般的方法和设备	1/00，3/00
人工水渠	5/00
拦河坝或堰	7/00，8/00
水力发电站	9/00
排水；灌溉；露天水面的清理	11/00；13/00；15/00
支承在桩基或类似支承物上的人工岛	17/00

E02B 1/00　一般水利工程的设备、装置或方法［1，2006.01］

E02B 1/02　·水工模型［1,2006.01］

E02B 3/00　与溪流、河道、海岸或其他海域的控制与利用有关的工程（拦河坝或堰入 E02B 7/00）；一般水工结构物的接缝或密封［1,2006.01］

E02B 3/02　·河川的整治，例如，水下岩石的破除、河床的清理、导流（疏浚或刮除设备入 E02F）［1,2006.01］

E02B 3/04　·河岸、海岸或港口的防护结构物、设备或方法（密封或接缝入 E02B 3/16）［1,2006.01］

E02B 3/06　··突堤；岸墩；堤岸；岸壁；丁坝；防波堤［1,2006.01］

E02B 3/08　···带或不带桩的干砌石结构物（桩入 E02D 5/00）［1,2006.01］

E02B 3/10　··坝；堤；用于堤、坝或类似工程的泄水道或其他结构物（修建堤或坝一般入 E02D 17/18）［1,2006.01］

E02B 3/12　··河岸、水坝、水道或其他类似工程的护砌（一般斜坡护砌入 E02D 17/20）［1,2006.01］

E02B 3/14　···预制砌块及其砌置［1,2006.01］

E02B 3/16　·密封或接缝（基础结构的接缝入 E02D 29/16；不局限于水利工程的密封接缝入 E04B 1/68）［1,2006.01］

E02B 3/18　·填水筑地（土壤排水入 E02B 11/00）［1,2006.01］

E02B 3/20　·海岸、海港或其他固定海洋结构物的航运设备，例如，系缆柱（停泊、锚定入 B63B 21/00，例如，用于航运的系缆柱入 B63B 21/06；浮标入 B63B 22/00）［1,5,2006.01］

E02B 3/24　··系泊柱［5,2006.01］

E02B 3/26　··防护物（与水上船只成一体或所专用入 B63B 59/02）［5,2006.01］

E02B 3/28　··防护桩［5,2006.01］

E02B 5/00　人工水道（水力发电站用入 E02B 9/02；土壤灌溉用入 E02B 13/00）［1,2006.01］

E02B 5/02　·水道的修筑或衬砌［1,2006.01］

E02B 5/04　·通航水道［1,2006.01］

E02B 5/06　·与水道有关的操作设备（提升船舶的设备入 E02C）［1,2006.01］

E02B 5/08　·细部构件，例如，闸门、格栅［1，

2006.01]

E02B 7/00 拦河坝或堰；其布置，建造，方法或其上设备（河岸、海岸或海港的防护入E02B 3/04；密封或接缝入E02B 3/16；水利工程的建筑材料或类似材料的处置入E02D 15/00；基础一般入E02D 27/00）[1,2006.01]

E02B 7/02 ·固定式拦河坝[1,2006.01]
E02B 7/04 ··横跨峡谷的坝[1,2006.01]
E02B 7/06 ··土坝；堆石坝[1,2006.01]
E02B 7/08 ···墙式坝[1,2006.01]
E02B 7/10 ···重力坝，即利用坝自身结构的重量防止倾倒[1,2006.01]
E02B 7/12 ···拱坝[1,2006.01]
E02B 7/14 ···支墩坝[1,2006.01]
E02B 7/16 ·固定堰；所用上部结构或闸板[1,2006.01]
E02B 7/18 ·虹吸式堰[1,2006.01]
E02B 7/20 ·活动堰；闸门[1,2006.01]
E02B 7/22 ··叠梁坝；应急闸门[1,2006.01]
E02B 7/24 ··栅条堰[1,2006.01]
E02B 7/26 ··垂直提升的闸门[1,2006.01]
E02B 7/28 ···带滑动闸门[1,2006.01]
E02B 7/30 ···带闸门用的导轮或滚轮[1,2006.01]
E02B 7/32 ···圆柱形或筒形闸门[1,2006.01]
E02B 7/34 ···垂直提升闸门的闸板[1,2006.01]
E02B 7/36 ···垂直提升闸门的提升机械[1,2006.01]
E02B 7/38 ··滚筒闸门[1,2006.01]
E02B 7/40 ··平旋或翻转式闸门[1,2006.01]
E02B 7/42 ··带有水平轴的弧形或扇形闸门[1,2006.01]
E02B 7/44 ··铰接活页式闸门[1,2006.01]
E02B 7/46 ··绕门板中间的水平轴翻转的闸门[1,2006.01]
E02B 7/48 ··屋顶式或双门叶式闸门[1,2006.01]
E02B 7/50 ··浮动闸门[1,2006.01]
E02B 7/52 ··闸门防振设备[1,2006.01]
E02B 7/54 ··闸门密封设施[1,2006.01]

E02B 8/00 拦河坝或堰的细部结构（露天水面的清理或保持露天水面清洁入E02B 15/00）[1,2006.01]

E02B 8/02 ·沉淀物底孔闸门；冲砂闸；截拦水流携带物的构件[1,2006.01]
E02B 8/04 ·阀门、闸板或类似物；淹没式泄水闸门[1,2006.01]
E02B 8/06 ·溢洪道；消能设备，例如，减弱涡流的设备[1,2006.01]
E02B 8/08 ·鱼道；通过木筏或船的水路[1,2006.01]

E02B 9/00 水力发电站；其布置、建造或装备，修建方法或设备（水力发动机入F03B）[1,2006.01]

E02B 9/02 ·水道[1,2006.01]
E02B 9/04 ··自由流动的水道或水槽；取水口（所用格栅或滤网入E02B 5/08）[1,2006.01]
E02B 9/06 ··有压廊道或有压管道；室内有压管道专用的廊道；其专用部件，例如，外壳、阀门、闸门（倾斜隧道的开掘入E21D 9/02；一般阀门入F16K；一般管道入F16L）[1,6,2006.01]
E02B 9/08 ·潮汐或波浪发电站（水压机，潮汐或波浪发动机入F03B）[1,2006.01]

E02B 11/00 土壤排水，例如，用于农业[1,2006.01]

E02B 11/02 ·排水设备的安装装置，例如，排水用的开沟器[1,2006.01]

E02B 13/00 灌溉沟渠，即自流明渠配水系统（花园、农地、运动场或类似场地的洒水或喷水的其他配水系统入A01G 25/00）[1,2,2006.01]

E02B 13/02 ·灌溉管道的截流[1,2006.01]

E02B 15/00	露天水面的清理或保持其清洁；所用设备（船或其他水上船只的结构入 B63B，例如，专门用于收集露天水面污染的船只入 B63B 35/32；用于游泳池或浴场或水池入 E04H 4/16）[1,5,2006.01]		2006.01]
E02B 15/02	·除冰 [1,5,2006.01]	E02B 17/00	支承在桩基或类似支承物上的人工岛，例如，升降式支柱上的平台；所用修建方法（防护物入 E02B 3/26；浮动平台的锚定入 B63B 21/00；浮动平台，例如，锚定的浮动平台入 B63B 35/44；独立的水下结构物入 E02D 29/00）[1,5,2006.01]
E02B 15/04	·通过分离或除去油或类似漂浮物来清理或保持露天水面清洁的设备（水、废水或污水的其他处理入 C02F；用于处理液体污染物，例如，油、汽油、油脂的材料入 C09K 3/32）[1,2006.01]	E02B 17/02	·通过将支撑结构降到水底进行放置，例如，随后将其固定 [1,2006.01]
E02B 15/06	··所用栅栏（E02B 15/08 优先）[5,2006.01]	E02B 17/04	·使工作平台相对于支撑结构上升、下降或固定的专用设备（一般平台提升入 B66F 7/00）[1,2006.01]
E02B 15/08	··不除去污染物而减少污染区的设备 [5,2006.01]	E02B 17/06	··固定用，例如，用楔子或夹固环 [1,2006.01]
E02B 15/10	··从水面除去污染物的设备 [5,	E02B 17/08	··升降用 [1,2006.01]

E02C 船舶提升设备或机械

E02C 1/00	船闸；竖井式船闸，即在船闸前边筑一下部带洞口的实体壁墙，船舶经过洞口通行（船闸闸门入 E02B 7/20）[1,2006.01]	E02C 1/10	·船在船闸内航行所用的设备；系船设备（停泊、锚定水面船只入 B63B 21/00；海岸、海港或其他固定海洋结构物的航运设备入 E02B 3/20）[1,2006.01]
E02C 1/02	·带辅助船池 [1,2006.01]	E02C 3/00	沿斜面提升船舶的机械 [1,2006.01]
E02C 1/04	·带浮槽 [1,2006.01]	E02C 5/00	垂直提升船舶机械（沉船的打捞入 B63C 7/00）[1,2006.01]
E02C 1/06	·船闸的充水或泄水装置（位于船闸闸门内入 E02B 7/20）[1,2006.01]	E02C 5/02	·带有浮室 [1,2006.01]
E02C 1/08	·使水消能的设备（设在船闸闸门上入 E02B 8/06）[1,2006.01]		

E02D 基础；挖方；填方（专用于水利工程入 E02B）；地下或水下结构物 [6]

附注 [6]

1. 本小类包括通过基础工程，即破坏地基表面而修建的地下结构物。
2. 本小类<u>不</u>包括仅通过地下掘进方法，即不破坏地基表面而修建的地下空间，该地下空间包括在小类 E21D 中。

E02D

小类索引

基础土壤或岩石的勘测、改良或保护	1/00，3/00
结构构件及所用技术	
结构构件	5/00
放置；撤去；放置和撤去；附属设置	7/00；9/00；11/00；13/00
材料的处理	15/00
挖方，填方	17/00
保持基础地点的干燥	19/00
沉箱	23/00，25/00
作为下部结构的基础；地下或水下结构物，挡土墙	27/00；29/00
保护，试验，调直，提升，修复	31/00 至 37/00

E02D 1/00 现场基础土壤的勘测（钻孔或钻土专用的探测入 E21B 25/00，E21B 49/00；一般通过测定其化学或物理性质对材料进行试验或分析入 G01N，例如，采样入 G01N 1/00）[1,2006.01]

E02D 1/02 ·施工前 [1,2006.01]

E02D 1/04 ··取土样 [1,2006.01]

E02D 1/06 ··取地下水样 [1,2006.01]

E02D 1/08 ·基础结构完工后 [1,2006.01]

E02D 3/00 土壤或岩石的改良或保护，例如，永冻土的保护（边坡或斜坡的稳定入 E02D 17/20；阻止和截断地下水流入 E02D 19/12；农业用的土壤改良入 A01；筑路或其他类似用途的土壤稳定入 E01C 21/00，E01C 23/10；岩石锚杆入 E21D）[1,2006.01]

E02D 3/02 ·用压实法改良土壤（E02D 3/11 优先；修建基础前或修建过程中局部压实土壤入 E02D 27/26，E02D 27/28）[1,3,2006.01]

E02D 3/026 ··采取只能用于或专用于土壤压实的滚压机进行压实，例如，羊足滚压机（用于农业土壤处理的滚压机入 A01B 29/00；也能用于压实土壤的铺路碾压机入 E01C 19/23）[3,2006.01]

E02D 3/032 ···筑沟用的滚压机 [3,2006.01]

E02D 3/039 ···筑斜坡用的滚压机 [3,2006.01]

E02D 3/046 ··用夯实法或振动法，例如，辅以对土进行洒水（E02D 3/026，E02D 3/08 优先；用于铁路道砟的夯实或振动设备入 E01B 27/00；用于铺面材料压实入 E01C 19/30；一般用于混凝土捣固入 E04G 21/06）[3,2006.01]

E02D 3/054 ···带土壤贯入，例如，振冲法 [3,2006.01]

E02D 3/061 ···带直接爆炸室的夯实机（带爆炸室的打桩机入 E02D 7/12）[3,2006.01]

E02D 3/068 ···靠带往复运动体的系统操纵的振动设备（E02D 3/054，E02D 3/061 优先）[3,2006.01]

E02D 3/074 ···靠带不平衡旋转体的系统操纵的振动设备（E02D 3/054 优先）[3,2006.01]

E02D 3/08 ·用插入石料或废弃体法，例如，压实桩（用于土壤压实的排水砂井入 E02D 3/10；修建基础过程中对土壤加压入 E02D 27/28）[1,2006.01]

E02D 3/10 ·用洒水、排水、抽气或爆破法，例如，通过设置排水砂井或吸水排水井（E02D 3/11 优先；带辅助洒水

	的土壤贯入振动器入 E02D 3/054；一般土壤排水入 E02B 11/00）[1, 3, 2006.01]		3/16）；打入水中的桩的自净[1, 2006.01]
E02D 3/11	·用热、电或电化学法（用于拦截地下水流的冻土法入 E02D 19/14）[3, 2006.01]	E02D 5/28	···钢制 [1, 2006.01]
		E02D 5/30	···混凝土或钢筋混凝土制或钢和混凝土混合制 [1, 2006.01]
E02D 3/115	··用冻结法 [3, 2006.01]	E02D 5/32	···带有用流体喷射法把桩就位的装置 [1, 2006.01]
E02D 3/12	·在土壤中放入固化料或填孔料进行固结（筑桩入 E02D 5/46；改善或稳定土壤的材料入 C09K 17/00）[1, 2006.01]	E02D 5/34	··现场浇混凝土或类似混凝土桩 [1, 2006.01]
E02D 5/00	基础工程专用的板桩墙、桩或其他结构构件（一般工程构件入 F16）[1, 2006.01]	E02D 5/36	···不用管形模或其他模子筑桩 [1, 2006.01]
E02D 5/02	·板桩或板桩墙 [1, 2006.01]	E02D 5/38	···用管形模或其他模子筑桩 [1, 2006.01]
E02D 5/03	··预制构件 [1, 2006.01]	E02D 5/40	····在露天水面上 [1, 2006.01]
E02D 5/04	···钢制 [1, 2006.01]	E02D 5/42	····用液压或气压压实混凝土 [1, 2006.01]
E02D 5/06	···填塞两个板桩或两个板桩墙之间缝隙用的填塞桩或其他构件 [1, 2006.01]	E02D 5/44	···在桩的底部有扩大头或扩大部分 [1, 2006.01]
E02D 5/08	···闭锁构件；边缘接缝；桩之交叉；分支构件 [1, 2006.01]	E02D 5/46	··采用现场向砾石填料或土壤中压入黏结剂的方法筑桩（一般土壤固结入 E02D 3/12）[1, 2006.01]
E02D 5/10	···由混凝土或钢筋混凝土制造的 [1, 2006.01]		
E02D 5/12	····闭锁构件；边缘接缝，桩之交叉；分支构件 [1, 2006.01]	E02D 5/48	·沿长度结构改进的桩 [1, 2006.01]
		E02D 5/50	··包括预制混凝土部分和现场浇混凝土部分的桩 [1, 2006.01]
E02D 5/14	··相邻桩之间接缝的密封（不限于基础桩的接缝的密封入 E04B 1/68）[1, 2006.01]	E02D 5/52	··由可分离的构件组成的桩，例如，伸缩套管 [1, 2006.01]
E02D 5/16	··刚性或可拆卸固定于板桩上的便于组装的附属设备 [1, 2006.01]	E02D 5/54	··带预制支座或锚座的桩；锚桩 [1, 2006.01]
E02D 5/18	·现场只用混凝土做的护壁或类似墙壁 [1, 2006.01]	E02D 5/56	··螺旋桩 [1, 2006.01]
		E02D 5/58	··预应力混凝土桩 [1, 2006.01]
E02D 5/20	·现场用预制部件和混凝土包括钢筋混凝土构筑的护壁或类似墙壁 [1, 2006.01]	E02D 5/60	··带保护套的桩 [1, 2006.01]
		E02D 5/62	··通过管道压入水泥浆或类似材料的压实桩脚附近或外壳内的土壤 [1, 2006.01]
E02D 5/22	·桩（板桩入 E02D 5/02）[1, 2006.01]		
E02D 5/24	··预制桩 [1, 2006.01]	E02D 5/64	·桩的修复 [1, 2006.01]
E02D 5/26	···用带或不带加强件的木桩做；防止木桩腐朽的方法（保护壳入 E02D 5/60；浸渍剂入 B27K	E02D 5/66	·管形模或其他模 [1, 2006.01]
		E02D 5/68	··构筑护壁用 [1, 2006.01]
		E02D 5/70	··构筑板桩用 [1, 2006.01]

E02D

E02D 5/72	・桩靴 [1,2006.01]
E02D 5/74	・锚固结构构件或护壁用的装置（锚桩入 E02D 5/54）[1,2006.01]
E02D 5/76	・・护壁或其部件的锚固 [1,2006.01]
E02D 5/80	・・地锚 [1,2006.01]
E02D 7/00	**设置板桩壁、桩、管形模或其他模子的方法或设备**（用于放置和撤去的入 E02D 11/00）[1,2006.01]
E02D 7/02	・用击打法设置 [1,2006.01]
E02D 7/04	・・人工打桩机 [1,2006.01]
E02D 7/06	・・动力打桩机 [1,2006.01]
E02D 7/08	・・・带自由落锤的打桩机 [1,2006.01]
E02D 7/10	・・・带压动锤的打桩机 [1,2006.01]
E02D 7/12	・・・带爆炸室的打桩机 [1,2006.01]
E02D 7/14	・・打桩机的部件 [1,2006.01]
E02D 7/16	・・・打桩机的支架 [1,2006.01]
E02D 7/18	・用振动法设置 [1,2006.01]
E02D 7/20	・用压入或曳引法设置 [1,2006.01]
E02D 7/22	・用螺旋下降法设置 [1,2006.01]
E02D 7/24	・用流体喷射法设置 [1,2006.01]
E02D 7/26	・几种方法同时并用设置 [1,2006.01]
E02D 7/28	・用空心桩或管形模内的装置设置空心桩或管形模 [1,2006.01]
E02D 7/30	・・通过驱动芯轴 [1,2006.01]
E02D 9/00	**板桩壁、桩、管形模或其他模子的撤去**（用于设置和撤去的入 E02D 11/00）[1,2006.01]
E02D 9/02	・用抽拔 [1,2006.01]
E02D 9/04	・用水下切断 [1,2006.01]
E02D 11/00	**板桩壁、桩或管形模的设置和撤去的方法或设备**（仅仅放置的方法或设备入 E02D 7/00，仅仅撤去的方法或设备入 E02D 9/00）[1,2006.01]
E02D 13/00	**桩或板桩壁的放置或撤去用的附属设备** [1,2006.01]
E02D 13/02	・放置或撤去板桩壁所专用的 [1,2006.01]
E02D 13/04	・导向设备；导向框架 [1,2006.01]
E02D 13/06	・观测放置过程用 [1,2006.01]
E02D 13/08	・障碍物的排除 [1,2006.01]
E02D 13/10	・打桩机或类似设备的落块 [1,2006.01]
E02D 15/00	**水利工程或基础的建筑材料或类似材料的处置**（一般混凝土或类似集合材料的运输或浇制入 E04G 21/02）[1,2006.01]
E02D 15/02	・基础专用的大量混凝土的处置 [1,2006.01]
E02D 15/04	・・管形模、管桩、钻孔或狭小竖井的混凝土浇灌 [1,2006.01]
E02D 15/06	・・水下浇灌混凝土 [1,2006.01]
E02D 15/08	・把构件下沉至水下或土层里 [1,2006.01]
E02D 15/10	・水下放置砾石或类似材料 [1,2006.01]
E02D 17/00	**挖方；挖方边缘的修砌；填方**（运土设备入 E02F；土中钻进入 E21）[1,2006.01]
E02D 17/02	・基础坑 [1,2006.01]
E02D 17/04	・・基础坑边缘的修砌或加固 [1,2006.01]
E02D 17/06	・基础沟或狭小竖井 [1,2006.01]
E02D 17/08	・・基础边沟或狭小竖井边缘的修砌或加固 [1,2006.01]
E02D 17/10	・・基础槽的覆盖 [1,2006.01]
E02D 17/12	・・基础槽或沟的回填 [1,2006.01]
E02D 17/13	・基础缝；做缝机具 [1,2006.01]
E02D 17/16	・水下疏松土壤或岩石（水流改道入 E02B 3/02；用疏浚机或挖掘机入 E02F）[1,2006.01]
E02D 17/18	・填方（E02D 17/20 优先）[1,2006.01]
E02D 17/20	・边坡或斜坡的稳定 [1,2006.01]
E02D 19/00	**保持地下基础地段或其他面积的干燥**（板桩或板桩壁入 E02D 5/02）[1,2006.01]
E02D 19/02	・露天水的节制 [1,2006.01]
E02D 19/04	・・用围堰 [1,2006.01]

E02D 19/06	· 地下水的节制 [1,2006.01]	
E02D 19/08	· · 通过使用在地下水位以下建的明渠 [1,2006.01]	
E02D 19/10	· · 通过降低地下水位 [1,2006.01]	
E02D 19/12	· · 通过阻止和截断地下水流 [1,2006.01]	
E02D 19/14	· · · 通过冻结土壤（与沉井有关入 E21D 1/12）[1,2006.01]	
E02D 19/16	· · · 通过放置或添加密封物质（用放置固化或填孔物质固化土壤入 E02D 3/12）[1,2006.01]	
E02D 19/18	· · · 通过使用密封护墙（工程用的密封或接缝入 E02B 3/16）[1,2006.01]	
E02D 19/20	· · · 通过排水，例如，用压缩空气 [1,2006.01]	
E02D 19/22	· 槽中集水坑的衬砌 [1,2006.01]	
E02D 23/00	**沉箱；沉箱的修建或沉放**（浸没或建于露天水域中的隧道入 E02D 29/063）[1,6,2006.01]	
E02D 23/02	· 能现场浮于水上和沉入水中的沉箱 [1,2006.01]	
E02D 23/04	· 气动沉箱 [1,2006.01]	
E02D 23/06	· · 材料或人员的送出或送入压缩空气沉箱 [1,2006.01]	
E02D 23/08	· 沉箱的下降或下沉 [1,2006.01]	
E02D 23/10	· · 充以压缩空气的沉箱 [1,2006.01]	
E02D 23/12	· · 沉箱的倾斜下降 [1,2006.01]	
E02D 23/14	· · 沉箱下降时减小外表摩擦力 [1,2006.01]	
E02D 23/16	· 沉箱与地基土壤的接合，特别是与不平整地基土壤的接合 [1,2006.01]	
E02D 25/00	**沉箱或类似下沉单元的水下相互连接** [1,2006.01]	
E02D 27/00	**作为下部结构的基础** [1,2006.01]	
E02D 27/01	· 扁平基础 [1,2006.01]	
E02D 27/02	· · 不用大量挖方的扁平基础（E02D 27/04，E02D 27/08 优先）[1,2006.01]	
E02D 27/04	· · 在水下或流砂上的扁平基础 [1,2006.01]	
E02D 27/06	· · · 浮式沉箱基础 [1,2006.01]	
E02D 27/08	· · 扁平基础的加强件 [1,2006.01]	
E02D 27/10	· 深基础 [1,2006.01]	
E02D 27/12	· · 桩基础 [1,2006.01]	
E02D 27/14	· · · 桩承台 [1,2006.01]	
E02D 27/16	· · · 由分离的桩形成的基础 [1,2006.01]	
E02D 27/18	· · 使用沉箱形成的基础 [1,2006.01]	
E02D 27/20	· · 与桩基础相结合的沉箱基础 [1,2006.01]	
E02D 27/22	· · 使用保护舱壁从固定或浮式人工岛开始建造的沉箱基础 [1,2006.01]	
E02D 27/24	· 用潜水钟构筑的基础（水下施工或居住用的设备入 B63C 11/00）[1,2006.01]	
E02D 27/26	· 基础修建前局部压实土壤；通过向砾石填料中压入黏合物质修建基础结构（一般基础土壤的压实入 E02D 3/02 至 E02D 3/12）[1,2006.01]	
E02D 27/28	· 修建基础过程中对土壤或基础结构加压 [1,2006.01]	
E02D 27/30	· 用永久性的板桩壁、墙板或板桩箱修建基础 [1,2006.01]	
E02D 27/32	· 特殊用途的基础 [1,2006.01]	
E02D 27/34	· · 沉陷或地震区用的基础（带有抗震装置的房屋修建入 E04H 9/02）[1,2006.01]	
E02D 27/35	· · 在冻结地基中形成的基础，例如，在永冻土中 [3,2006.01]	
E02D 27/36	· · 在泥沼地或泥炭地形成的基础 [1,2006.01]	
E02D 27/38	· · 大型池用的基础，例如，石油池 [1,2006.01]	
E02D 27/40	· · 横跨峡谷的堤坝或堤坝构筑物用的基础 [1,2006.01]	
E02D 27/42	· · 立杆、桅杆或烟囱用的基础 [1,2006.01]	
E02D 27/44	· · 机器、发动机或火炮用的基础（支

E02D

	承机器的基础的专门布置入 F16M 9/00）［1,2006.01］	
E02D 27/46	··供水管道或其他渠道用的基础［1,2006.01］	
E02D 27/48	··插入现有建筑物或构筑物下面的基础［1,2006.01］	
E02D 27/50	··锚固的基础［1,2006.01］	
E02D 27/52	··淹没的基础［1,2006.01］	
E02D 29/00	**地下或水下结构物**（地下罐入 B65D 88/76；水利工程，例如，密封或接缝入 E02B；地下车库入 E04H 6/00；地下空袭掩蔽所入 E04H 9/12；埋置的拱顶地下室入 E04H 13/00）；**挡土墙**［1,6,2006.01］	
E02D 29/02	·挡土墙或防护墙（岸墩或岸壁入 E02B 3/06）［1,2006.01］	
E02D 29/045	·地下结构物，例如，建于露天的或通过破坏定位线的地面的方法修建的隧道或廊道；它们的修建方法［6,2006.01］	
E02D 29/05	··至少部分截面位于露天挖坑中或从地面开始建造，例如，在槽中装配［6,2006.01］	
E02D 29/055	···此外与截面尺寸相应的开挖是在部分已建好结构物，例如，在隧道顶盖的下方进行［6,2006.01］	
E02D 29/063	·浸没于或修建于露天水域中的隧道（沉箱的修建或沉放一般入 E02D 23/00；水下沉箱的相互连接一般入 E02D 25/00）［6,2006.01］	
E02D 29/067	··浮动隧道；浸没桥状隧道，即由水底上方的墩或类似物支承的隧道（浮船桥或浮桥入 E01D 15/14）［6,2006.01］	
E02D 29/07	··整体预制的或连续制作的并移动到水底上就位，例如，移动到预制槽中的隧道或模板［6,2006.01］	
E02D 29/073	··由单独沉到或放到水底的构件装配成的隧道或模板，例如，在预制槽中（降至水底的沉箱型构件入 E02D 29/077）［6,2006.01］
E02D 29/077	··至少局部建于水底下方的隧道，其特征是采用沿定位线破坏水底表面的方法，例如，挖盖或沉箱法修建［6,2006.01］
E02D 29/09	·其他位置未包括的在水中的建筑物或其修建方法［6,2006.01］
E02D 29/12	·人孔井；其他检查室或可进入的室；所用附属物（地下罐用入 B65D 90/10；排水用入 E03F 5/02）［1,6,2006.01］
E02D 29/14	··人孔或类似物的盖；盖的框架［1,6,2006.01］
E02D 29/16	·基础结构接缝的布置或结构（不局限于基础结构的密封接缝入 E04B 1/68）［1,2006.01］
E02D 31/00	**基础或基础结构的保护装置；保护土壤或下层土中水的地基措施，例如，防止或消除油的污染**（用于池的溢出阻止方法入 B65D 90/24）［1,2006.01］
E02D 31/02	·防止地下潮湿或地下水［1,2006.01］
E02D 31/04	··用于水压下的不透水填料［1,2006.01］
E02D 31/06	·防止土壤或水的侵蚀［1,2006.01］
E02D 31/08	·防止基土中振动或移动的传递［1,2006.01］
E02D 31/10	·防止土压或水压［1,2006.01］
E02D 31/12	··防止向上水压力［1,2006.01］
E02D 31/14	·防止土内冻胀［3,2006.01］
E02D 33/00	**基础或基础结构的试验**（试验方法和仪器参见 G01 类的有关小类；一般有关功能的试验构筑物或试验仪器入 G01M；一般通过确定其化学或物理性质对材料进行研究或分析入 G01N）［1,2006.01］
E02D 35/00	**基础结构或建在基础上的构筑物的调直、提升或下降**［1,2006.01］
E02D 37/00	**破损的基础或基础结构物的修复**［1,2006.01］

E02F 挖掘；疏浚（泥炭的开采入 E21C 49/00）

附注

本小类包括：
- 主要用于开挖、疏松土壤或搬运松土的设备；
- 对其他材料进行类似作业的设备和用于装卸材料的类似设备。

小类索引

一般操作方法	1/00
一般用途的手动机器或设备	3/02
一般用途的机械驱动的机器或设备或其专用细部构件	3/04
特殊用途的机器或其专用细部构件	5/00
挖出材料的输送或分离设备	7/00
一般细部构件	9/00

E02F 1/00　挖掘机或疏浚机的一般操作方法（填方方法入 E02D 17/18；采矿方法入 E21C）[1,2006.01]

E02F 3/00　**挖掘机；疏浚机**（特种用途入 E02F 5/00；其他采矿机械或设备入 E21C；隧道掘进入 E21D）[1,2006.01]

E02F 3/02　·手动 [1,2006.01]

E02F 3/04　·机械驱动 [1,2006.01]

E02F 3/06　··带挖掘螺旋 [1,2006.01]

E02F 3/08　··环链上带挖掘部件（运输机入 B65G）[1,2006.01]

E02F 3/10　···带有仅用于松动材料机具 [1,2006.01]

E02F 3/12　··结构部件 [1,2006.01]

E02F 3/14　···铲斗；链条；铲斗或链条的导向装置；链条的驱动装置 [1,2006.01]

E02F 3/16　···安全或控制装置（一般的安全装置入 F16P；一般的控制入 G05）[1,2006.01]

E02F 3/18　··带绕轴旋转的挖掘轮 [1,2006.01]

E02F 3/20　···带有仅用于松动材料机具 [1,2006.01]

E02F 3/22　···结构部件 [1,2006.01]

E02F 3/24　···挖掘轮；轮的挖掘部件；轮的驱动装置 [1,2006.01]

E02F 3/26　···安全或控制装置（一般的安全装置入 F16P；一般的控制入 G05）[1,2006.01]

E02F 3/28　··带有装在铲斗臂或挖斗臂上的挖掘工具，例如，铲斗、斗 [1,4,2006.01]

E02F 3/30　···铲斗臂可旋转地装在悬臂梁上 [1,2006.01]

E02F 3/32　···向下并朝向机器作业，例如，反铲 [1,2006.01]

E02F 3/34　···挖斗臂可旋转地直接装在牵引机或自动推进机的机架上 [1,4,2006.01]

E02F 3/342　····在上方卸空的挖斗（E02F 3/348 至 E02F 3/358 优先）[4,2006.01]

E02F 3/345　····在侧边卸空的挖斗（E02F 3/348 至 E02F 3/358 优先）[4,2006.01]

E02F 3/348	････卸入收集或运输装置的挖斗 [4, 2006.01]		推进式机器上的装置 [4, 2006.01]
E02F 3/352	････能够沿固定导轨移动的挖斗 [4, 2006.01]	E02F 3/633	･･･所用驱动装置 [4, 2006.01]
E02F 3/355	････装在牵引机后端的挖斗 [4, 2006.01]	E02F 3/64	･･挖斗车，即有刮削斗 [1, 4, 2006.01]
E02F 3/358	････可旋转地安装在牵引机机架转台上的挖斗臂 [4, 2006.01]	E02F 3/65	･･･组成部件，例如，驱动、控制装置 [4, 2006.01]
E02F 3/36	･･･结构部件 [1, 2006.01]	E02F 3/76	･平土机、推土机，或带刮板或与犁斗类似的部件的机具（整地入 A01B）；平整设备 [1, 4, 2006.01]
E02F 3/38	･･･悬臂梁；铲斗臂；挖斗臂 [1, 4, 2006.01]		
E02F 3/39	････带伸缩臂 [4, 2006.01]	E02F 3/78	･･带旋转挖掘部件 [1, 2006.01]
E02F 3/40	･･･铲斗；挖斗 [1, 4, 2006.01]	E02F 3/80	･･组成部件 [1, 2006.01]
E02F 3/407	････带推出装置 [4, 2006.01]	E02F 3/815	･･･刮板；平整工具 [4, 2006.01]
E02F 3/413	････带抓取装置（起重机用的起重钩装置入 B66C）[4, 2006.01]	E02F 3/84	･･･驱动或所用控制设备 [1, 2006.01]
E02F 3/42	････铲斗、挖斗、铲斗臂、挖斗臂的驱动装置 [1, 4, 2006.01]	E02F 3/85	････采用液压或气压系统 [1, 2006.01]
E02F 3/43	････铲斗或挖斗位置的控制；驱动操作的顺序控制 [4, 2006.01]	E02F 3/88	･通过抽吸或加压起作用进行作业的装置，例如，吸扬式挖泥机（一般泵入 F04）[1, 2006.01]
E02F 3/46	･･带有靠缆索或提升绳移动的往复挖掘或刮削的部件 [1, 4, 2006.01]	E02F 3/90	･･组成部件，例如，驱动、控制装置 [1, 2006.01]
E02F 3/47	･･･带抓斗（起重机用的起重钩装置入 B66C）[4, 2006.01]	E02F 3/92	･･挖掘部件，例如，吸泥头 [1, 2006.01]
E02F 3/48	･･･拉索 [1, 2006.01]	E02F 3/94	･･･从挖出材料中分离石块的装置 [1, 2006.01]
E02F 3/50	･･･带沿刚性导轨移动的铲斗或其他挖掘部件 [1, 2006.01]	E02F 3/96	･･带有交替使用不同的挖掘部件 [1, 2006.01]
E02F 3/52	･･･缆索挖掘机（缆索起重机入 B66C）[1, 2006.01]	**E02F 5/00**	**特殊用途的挖掘机或疏浚机** [1, 2006.01]
E02F 3/54	･･･缆索铲运机 [1, 2006.01]	E02F 5/02	･开挖沟渠用（做埂用的农业犁地机入 A01B 13/02）[1, 2006.01]
E02F 3/56	･･･带手动剖刀或其他挖掘部件 [1, 2006.01]	E02F 5/04	･･带挖掘螺旋 [1, 2006.01]
E02F 3/58	･･･结构部件 [1, 2006.01]	E02F 5/06	･･环链上带挖掘部件 [1, 2006.01]
E02F 3/60	･･･铲斗、刮刀或其他挖掘部件 [1, 2006.01]	E02F 5/08	･･带沿轴旋转的挖掘轮 [1, 2006.01]
E02F 3/627	･･把梁或臂连接到牵引机或类似的自动	E02F 5/10	･･带沟或槽加固装置；带有敷设或组装管道的或者带有放置管道或电缆装置的装置；管道敷设本身入 F16L 1/00；现场构筑管道入 F16L 1/038；电缆敷设本身入 H02G 1/

	06) [1,6,2006.01]			属的一种挖掘机或疏浚机的部件（拖曳式电缆用的释放或卷取设备入B66C）[1,3,2006.01]
E02F 5/12	··带回填沟、槽设备（E02F 5/10优先）[1,3,2006.01]			
E02F 5/14	··挖沟机的部件，例如，指示设备 [1,2006.01]		E02F 9/02	·传动齿轮（汽车用入B60B，B60G；机车或铁路车辆用的底盘入B61F；铺轨车入B62D；起重机用入B66C）[1,2006.01]
E02F 5/16	·在土壤内挖掘其他洞的机械（土中钻进入E21）[1,2006.01]			
E02F 5/18	··水平洞用 [1,2006.01]		E02F 9/04	··驱动挖泥船逐步前进用的行走齿轮 [1,2006.01]
E02F 5/20	··垂直洞用 [1,2006.01]			
E02F 5/22	·填方用；回填用（与挖沟机组合入E02F 5/12）[1,2006.01]		E02F 9/06	·用作支撑的浮动式下部结构 [1,2006.01]
E02F 5/24	··堆积挖出材料 [1,2006.01]		E02F 9/08	·上部结构，上部结构的支撑 [1,2006.01]
E02F 5/26	··输送桥和挖掘机组合 [1,2006.01]		E02F 9/10	··装在输送齿轮、行走齿轮或其他上部结构上的移动式上部结构用的支撑 [1,2006.01]
E02F 5/28	·清理水道或其他水系用 [1,2006.01]			
E02F 5/30	·辅助设备，例如，融化、破碎、爆裂和其他预先处理土壤用 [1,2006.01]		E02F 9/12	···旋转或往复移动的齿轮（滚柱和滚珠轴承入F16C）[1,2006.01]
E02F 5/32	··松土机 [4,2006.01]		E02F 9/14	·吊杆；缆索的悬挂 [1,2006.01]
E02F 7/00	输送或分离被挖出材料的设备（输送浮动式疏浚船挖出泥土用的驳船入B63B 35/28）[1,2006.01]		E02F 9/16	·司机用的驾驶舱、平台或类似设备（吊车用入B66C 13/54）[1,2006.01]
			E02F 9/18	·平衡锤 [1,2006.01]
E02F 7/02	·装在疏浚船上的输送设备（普通的运输机入B65G）[1,2006.01]		E02F 9/20	·驱动装置；控制装置（一般的传动入F16H；一般的控制入G05；多电机驱动入H02K，H02P）[1,2006.01]
E02F 7/04	·装在疏浚船上的装载设备（普通装载设备入B65G）[1,2006.01]			
E02F 7/06	·装在疏浚船上的输送槽或筛分设备（普通的分离设备入B03；普通的输送槽入B65G）[1,2006.01]		E02F 9/22	··液压或气压驱动装置 [1,2006.01]
			E02F 9/24	·安全设备 [1,2006.01]
			E02F 9/26	·指示设备 [1,2006.01]
E02F 7/10	·输送挖出材料用的管道（一般管道入F16L；管道系统入F17D）[1,2006.01]		E02F 9/28	·挖掘部件用的小型金属件，例如，铲齿 [1,2006.01]
E02F 9/00	不限于从E02F 3/00至E02F 7/00内所			

E03 给水；排水

E03B 取水、集水或配水的装置或方法（钻井，一般从井里取出液体入 E21B；一般管道系统入 F17D）

小类索引

布置	1/00，5/00
方法	1/00，3/00，9/00
装置	3/00，5/00，9/00
管道系统；水池	7/00；11/00

E03B 1/00 给水的方法或供水装置的布置（E03B 3/00，E03B 9/00 优先）[1,4,2006.01]

E03B 1/02 · 公共的或类似用途的总给水 [1,2006.01]

E03B 1/04 · 户内或类似用途的局部给水 [1,2006.01]

E03B 3/00 饮用水或自来水的取水或集水的方法或装置（水的处理入 C02F）[1,4,2006.01]

E03B 3/02 · 取自雨水 [1,2006.01]

E03B 3/03 · · 家庭用的集存雨水的特殊容器，例如，大水桶 [1,2006.01]

E03B 3/04 · 取自地面水 [1,2006.01]

E03B 3/06 · 取自地下水 [1,2006.01]

E03B 3/08 · · 用井取水或存水（用于水和其他液体混合的或只能用于其他液体的入 E21B 43/00）[1,2006.01]

E03B 3/10 · · · 用竖井 [1,2006.01]

E03B 3/11 · · · · 与管道组合的，例如，竖井外面的多孔的水平延伸或向上倾斜的管道 [1,2006.01]

E03B 3/12 · · · 用垂直管井 [1,2006.01]

E03B 3/14 · · · 用水平井或斜井 [1,2006.01]

E03B 3/15 · · · 保持井处在良好状态，例如，清理、维修、再生；保持或扩大井或含水层的出水量（用人工补充水入 E03B 3/32）[1,2006.01]

E03B 3/16 · · · 井的构件 [1,2006.01]

E03B 3/18 · · · · 井用过滤器（一般过滤器入 B01D 24/00 至 B01D 35/00）[1,2006.01]

E03B 3/20 · · · · · 特殊形状的构件 [1,2006.01]

E03B 3/22 · · · · · 特定材料的选择 [1,2006.01]

E03B 3/24 · · · · · 用松散材料构成的，例如，砾石 [1,2006.01]

E03B 3/26 · · · · · 用填实的过滤材料制 [1,2006.01]

E03B 3/28 · 取自潮湿空气（一般蒸汽冷凝入 B01D 5/00；空调用的空气除湿入 F24F 3/14）[1,2006.01]

E03B 3/30 · 取自雪或冰 [1,4,2006.01]

E03B 3/32 · 用人工补给，例如，从池塘或河流取水补充 [1,2006.01]

E03B 3/34 · · 用地下水 [1,2006.01]

E03B 3/36 · · 用地面水 [1,2006.01]

E03B 3/38 · 泉水井栏 [1,2006.01]

E03B 3/40	·贮水用的其他设施，例如，沟、排水设施［1，2006.01］	E03B 9/02	·消火栓；其阀门的设置；消火栓的扳手［1，2006.01］
E03B 5/00	**泵站或装置的使用；其布置**（泵、泵站或装置本身入 F04）［1，2006.01］	E03B 9/04	··消火栓柱［1，2006.01］
		E03B 9/06	···盖子［1，2006.01］
E03B 5/02	·装在建筑物内［1，2006.01］	E03B 9/08	··地下消火栓［1，2006.01］
E03B 5/04	·装在井内［1，2006.01］	E03B 9/10	···护板或盖子［1，2006.01］
E03B 5/06	··特殊设备［1，2006.01］	E03B 9/12	···立管［1，2006.01］
E03B 7/00	**给水总管道系统或给水管道系统**（一般管道系统入 F16L）［1，2006.01］	E03B 9/14	·消火栓的泄水设备［1，2006.01］
		E03B 9/16	·截留杂物，例如，砂的设备［1，2006.01］
E03B 7/02	·公共的或类似用途的总管道系统［1，2006.01］	E03B 9/18	·消火栓的清洗工具［1，2006.01］
E03B 7/04	·户内或类似用途的局部管道系统（家庭用的卫生管道入 E03C1/02）［1，2006.01］	E03B 9/20	·提供饮用水的喷水柱筒或类似分配饮用水的设备［1，2006.01］
E03B 7/07	·设备的布置，例如，在管道系统中的过滤器、流量控制器、计量器、虹吸管、阀门［1，2006.01］	E03B 11/00	**给水池的布置或改造**（水桶入 E03B 3/03；贮水方面入 B65D，B65G，F17B，F17C；基础入 E02D 27/38；用土木工程技术建设或装配的大容量贮水器入 E04H 7/00；水塔入 E04H 12/00）［1，2006.01］
E03B 7/08	··泄水设备的布置（一般泄水设备入 F16K，F16L）［1，2006.01］		
E03B 7/09	·零部件或附件（清洗管子的工具入 B08B 9/02；防止家庭饮用水管道污染的设备入 E03C 1/10；在管破裂时防止损坏的设备入 F16L；一般的管道加热入 F16L 53/00）［1，2006.01］	E03B 11/02	·供户内给水或类似的局部给水［1，2006.01］
		E03B 11/04	··不带空气调节器［1，2006.01］
		E03B 11/06	··带空气调节器［1，2006.01］
		E03B 11/08	···空气调节器［1，2006.01］
		E03B 11/10	·用于公共的或类似用途的总给水系统［1，2006.01］
E03B 7/10	··防止管道冻裂的设备（一般防止管道破裂的设备入 F16L 55/00）［1，2006.01］	E03B 11/12	·高位水池［1，2006.01］
		E03B 11/14	·地下水池［1，2006.01］
E03B 7/12	···通过防冻［1，2006.01］	E03B 11/16	·采用使泵站启动、停止的装置，例如，自动控制设备［1，2006.01］
E03B 7/14	···融化冻管的设备［1，2006.01］		
E03B 9/00	**引出水的方法或装置**（户内引出水的装置入 E03C，水龙头或阀门本身入 F16K）［1，4，2006.01］		

E03C 干净水或废水的户内卫生管道装置（不接通给水总管道和污水管道的入 A47K；用于地下的设备入 E03B，E03F）；洗涤盆

E03C 1/00	**干净水或废水的户内卫生管道装置；洗涤盆**［1，2006.01］	E03C 1/01	·用于连接浴盆、淋浴装置、洗涤盆、洗脸盆、抽水马桶、小便池或类似设

E03C

	备 [1,2006.01]
E03C 1/02	·干净水的卫生管道装置 [1,2006.01]
E03C 1/04	··专门适用于洗脸盆或浴盆的水盆装置（阀门、承口管件、混合阀门、水龙头入 F16K）[1,2006.01]
E03C 1/042	···洗脸盆或浴盆的水龙头接入墙壁的装置 [1,2006.01]
E03C 1/044	···在给水管路中装有加热或冷却装置（用连续水流的热水器等入 F24H）[1,2006.01]
E03C 1/046	···在给水管道中加入肥皂、消毒剂或类似物品的装置（防止饮用水管道污染入 E03C 1/10）[1,2006.01]
E03C 1/048	···通过水盆周围或一侧的两个或两个以上的开口供水 [1,2006.01]
E03C 1/05	··在洗脸盆、浴盆、洗涤盆或类似设备上遥控水龙头的装置的配置（水龙头或类似物的遥控设备本身入 F16K）[1,2006.01]
E03C 1/06	··用来悬挂或支承供水管或淋浴供水软管的装置 [1,2006.01]
E03C 1/08	··喷射调节器，例如，防溅装置 [1,2006.01]
E03C 1/084	···带加气装置的喷射调节器 [1,2006.01]
E03C 1/086	···易于装在水龙头出口上的喷射调节器或导喷器 [1,2006.01]
E03C 1/10	··防止饮用水管污染的设备，例如，自闭加气冲洗阀的装置（一般真空破坏器入 F16K，F16L）[1,2006.01]
E03C 1/12	·废水卫生管道装置；与其相连的洗脸盆或淋浴池（地板内的排水设备入 E03F 5/04）；洗涤盆 [1,2006.01]
E03C 1/122	··建筑物内废水的管路系统（一般管路系统入 F17D）[1,2006.01]
E03C 1/126	··废水管道装置的消毒或除臭装置 [1,2006.01]
E03C 1/14	··与废水管道相接的洗脸盆 [1,2006.01]
E03C 1/16	··与废水管道相接的淋浴池 [1,2006.01]
E03C 1/18	··与废水管道相接或不相接的洗涤盆 [1,2006.01]
E03C 1/181	···洗涤盆的防溅设备，例如，防溅防护装置（喷射调节器入 E03C 1/08）[1,2006.01,2019.01]
E03C 1/182	···与废水管道相接的 [1,2006.01]
E03C 1/184	···适用于洗涤机或加热或冷却设备的附属装置（洗涤机的附属装置入 D06F 7/00）[1,2006.01]
E03C 1/186	···洗涤盆用的隔墙、盖子、保护边框或类似设施 [1,2006.01,2019.01]
E03C 1/20	··与废水管相接的浴盆或坐浴盆 [1,2006.01]
E03C 1/22	··安装在洗脸盆、浴盆或洗涤盆中的出口装置（塞子入 A47K 1/14）[1,2006.01]
E03C 1/23	···带机械关闭装置 [1,2006.01]
E03C 1/232	····与溢流装置组合（洗脸盆或浴盆的溢流装置本身入 E03C 1/24）[1,2006.01]
E03C 1/24	···洗脸盆或浴盆用的溢流装置（E03C 1/232 优先）[1,2006.01]
E03C 1/242	···自动开启给水或排水阀 [1,2006.01]
E03C 1/244	···装在出口上的单独装置 [1,2006.01]
E03C 1/26	··用于废水管道或出口的截留杂物的插塞或类似装置（E03C 1/28 优先）[1,2006.01]
E03C 1/262	···与出口塞子组合 [1,2006.01]
E03C 1/264	···单独的过滤筛或类似的截留杂物用的插塞 [1,2006.01]
E03C 1/266	···在废水管道内或出口处的破碎装置的设置；专门适用于安装在废水管道内或出口处的破碎

	装置［1,2006.01］	E03C 1/30	··帮助排除废水管道或洗涤盆内填塞物的装置［1,2006.01］
E03C 1/28	··防臭密封［1,2006.01］		
E03C 1/282	···与截留杂物的辅助装置组合［1,2006.01］	E03C 1/302	···使用能在管道内移动的装置［1,2006.01］
E03C 1/284	···有U形存水弯［1,2006.01］	E03C 1/304	···使用加压液体的装置［1,2006.01］
E03C 1/286	····有阻止废水回流的手动阀［1,2006.01］	E03C 1/306	····使用与给水总管道相接的管子［1,2006.01］
E03C 1/288	····有阻止废水回流的防逆阀（E03C 1/286优先）［1,2006.01］	E03C 1/308	····使用泵装置［1,2006.01］
E03C 1/29	··有带分隔壁的外壳，例如，管状［1,2006.01］	E03C 1/32	·洗涤盆的托座或支架［1,2006.01］
		E03C 1/322	··仅与墙壁相连［1,2006.01］
E03C 1/292	···有弹性外壳［1,2006.01］	E03C 1/324	···可调整［1,2006.01］
E03C 1/294	···有防止水封漏水设施［1,2006.01］	E03C 1/326	··放置在地板上［1,2006.01］
		E03C 1/328	···可调整［1,2006.01］
E03C 1/295	····使用给气阀［1,2006.01］	E03C 1/33	··将洗涤盆或洗脸盆固定在开口的承托上［1,2006.01］
E03C 1/296	····使用给水阀［1,2006.01］		
E03C 1/298	····仅有防逆阀［1,2006.01］		

E03D　冲水厕所或带有冲洗设备的小便池；所用冲洗阀门

<u>小类索引</u>

冲水厕所，冲洗设备
　　一般结构···1/00，3/00
　　特殊构造···5/00，7/00
附件，构件···9/00，11/00
小便池··13/00

E03D 1/00	**带水箱的冲洗设备［1,2006.01］**		箱［1,2006.01］
E03D 1/01	·冲洗箱的形状或材料选择［1,2006.01］	E03D 1/06	··带管形虹吸器的水箱［1,2006.01］
		E03D 1/07	···带可移动的或可变形的虹吸管［1,2006.01］
E03D 1/012	··水箱形状的细部构件，例如，用于连接到墙上，用于支承或连接冲洗设备的致动器［1,2006.01］	E03D 1/08	···靠气压或水压启动的虹吸作用［1,2006.01］
E03D 1/02	·高位冲洗系统［1,2006.01］	E03D 1/10	···靠提高水箱内的水位启动的虹吸作用，例如，使用浮子器件［1,2006.01］
E03D 1/04	··带钟形虹吸器的水箱［1,2006.01］		
E03D 1/05	···带可以移动的钟形虹吸器的水		

E03D 1/12	···靠排出空气启动的虹吸作用 [1,2006.01]		阀门和压力室 [1,2006.01]
E03D 1/14	··排水量可变的水箱（双联式或多联式冲洗水箱入 E03D 1/22；由给水系统的水压控制及排水量可变的冲洗设备入 E03D 3/12）[1,2006.01]	E03D 3/06	··带有能使阀门关闭运动减速的隔膜阀和压力室 [1,2006.01]
E03D 3/08	··带其他减速设备 [1,2006.01]
E03D 3/10	·带有用压力操纵贮水箱的冲洗设备，例如，空气室 [1,2006.01]
E03D 1/16	··周期性排水的水箱 [1,2006.01]	E03D 3/12	·排水量可变的冲洗设备（排水量可变的冲洗水箱入 E03D 1/14）[1,2006.01]
E03D 1/18	··不用时排空的水箱 [1,2006.01]
E03D 1/20	··装有倾斜安置容器的水箱 [1,2006.01]	E03D 5/00	冲洗设备的特殊构造（机动车或拖车内用入 B60R 15/00；火车车厢内用入 B61D 35/00；船上用入 B63B 29/14；飞机上用入 B64D 11/02）[1,2006.01]
E03D 1/22	··双联式或多联式冲洗水箱 [1,2006.01]
E03D 1/24	·低位冲洗系统 [1,2006.01]
E03D 1/26	·具有装在抽水马桶向后延伸末端上的冲洗水箱的抽水马桶（水箱的形状或所用的材料入 E03D 1/01；抽水马桶的结构特征入 E03D 11/02 至 E03D 11/12）[1,2006.01]	E03D 5/01	·使用冲洗泵 [1,2006.01]
E03D 5/012	··与抽水马桶出水口处的可移的关闭部件相组合（在桶底或出口与排水管道之间有关闭元件的抽水马桶入 E03D 11/10）[1,2006.01]
E03D 5/014	··带有分别排放液体和固体的设备 [1,2006.01]
E03D 1/28	·抽水马桶与冲洗水箱连成一体 [1,2006.01]
E03D 5/016	·带有抽水马桶清洗液的循环系统 [1,2006.01]
E03D 1/30	·高位或低位水箱用的阀门；其安装布置（进水阀门、一般阀门入 F16K）[1,2006.01]	E03D 5/02	·用机械和水力操纵（E03D 5/01，E03D 5/12 优先）[1,2006.01]
E03D 5/04	··直接由坐板或盖板操纵 [1,2006.01]
E03D 1/32	··进水阀门的布置（消声设备入 E03D 9/14）[1,2006.01]	E03D 5/06	··直接由门操纵 [1,2006.01]
E03D 5/08	··直接用脚操纵 [1,2006.01]
E03D 1/33	··浮球的使用或布置（一般致动浮球入 F16K 33/00）[1,2006.01]	E03D 5/09	··直接用手操纵 [1,2006.01]
E03D 5/092	···冲洗构件，例如，通过杠杆启动的钟形虹吸器 [1,2006.01]
E03D 1/34	··出口的冲洗阀门；出口阀门的布置 [1,2006.01]
E03D 5/094	···冲洗构件，例如，通过绳索、链条或类似物启动的钟形虹吸器 [1,2006.01]
E03D 1/35	···具有浮力的冲洗阀 [2,2006.01]
E03D 1/36	··进口和出口阀门的联合工作 [1,2006.01]
E03D 1/38	·冲洗管道的使用或布置（管道系统内的吸声装置入 F16L 55/00）[1,2006.01]	E03D 5/10	·用电力操纵（E03D 5/01，E03D 5/12 优先）[1,2006.01]
E03D 5/12	·周期性排水（周期性排水的高位水箱入 E03D 1/16）[1,2006.01]
E03D 3/00	由给水系统的压力操纵的冲洗设备 [1,2006.01]
E03D 3/02	·自闭式冲洗阀（一般自闭式阀门入 F16K 21/04）[1,2006.01]
E03D 7/00	移动式厕所（不带冲洗装置的移动式厕
E03D 3/04	··带有能使阀门关闭运动减速的活塞		

所入 A47K 11/00；地上车辆的构造入 B62）[1,2006.01]

E03D 9/00 厕所用的卫生设备或其他附件（清洗抽水马桶的手工工具入 A47K 11/10；厕所的坐板或盖板入 A47K 13/00；厕所的其他除坐板以外的人体支承盖板入 A47K 17/02；防止饮用水管道污染的设备入 E03C 1/10）[1,2006.01]

E03D 9/02 · 在冲洗过程中或在冲洗池内向水中添加消毒剂、除臭剂或清洗剂的设备（一般材料或物体的消毒设备入 A61L 2/00；一般水处理入 C02F）[1,2006.01]

E03D 9/03 · · 由具有一个出口的单独容器组成，药剂通过出口进入冲洗水，例如，用吸入方式[1,2006.01]

E03D 9/04 · 通风设备的特殊装置或操作（一般房间的通风入 F24F）[1,2006.01]

E03D 9/05 · · 抽水马桶的通风[1,2006.01]

E03D 9/052 · · · 使用附加风扇[2,2006.01]

E03D 9/06 · 带有连通冲洗管道的水接头并且适用于装抽水马桶清洗用具，例如，洗刷的辅助箱[1,2006.01]

E03D 9/08 · 抽水马桶内向上直接喷水的设备；带有这类设备的改进型抽水马桶（淋浴装置入 A47K 3/28；用于治疗或保健的特殊洗浴设备入 A61H 33/00；用于人体特殊部分入 A61H 35/00）[1,2006.01]

E03D 9/10 · 与抽水马桶组合的废物分解设备[1,2006.01]

E03D 9/12 · 厕所的防冻措施[1,2006.01]

E03D 9/14 · 与冲洗阀组合的消声设施（在管道系统中的吸声设施入 F16L 55/00）[1,2006.01]

E03D 9/16 · 在冲洗管道内的水压调节设施[1,2006.01]

E03D 11/00 冲水厕所的其他组成部件（一般管道接头或连接器入 F16L）[1,2006.01]

E03D 11/02 · 冲水厕所的抽水马桶（与抽水马桶清洗用具的冲洗水相接的辅助箱入 E03D 9/06；用于向上喷射水流的改进型入 E03D 9/08；坐板或盖板入 A47K 13/00）[1,2006.01]

E03D 11/04 · · 底部略为倾斜的扁平状抽水马桶[1,2006.01]

E03D 11/06 · · 带向下延伸凸缘的抽水马桶[1,2006.01]

E03D 11/08 · · 带使冲洗水形成涡流的抽水马桶[1,2006.01]

E03D 11/10 · · 在底部或出口和出口管道之间有关闭构件的抽水马桶；有带枢轴支承插塞的抽水马桶[1,2006.01]

E03D 11/11 · · 与贮水箱组合的抽水马桶，例如，包括消毒或分解设备[1,2006.01]

E03D 11/12 · 旋转式抽水马桶，例如，用于受限空间[1,2006.01]

E03D 11/13 · 抽水马桶的部件或细部构件；抽水马桶用的管道接头或连接器的特殊应用[1,2,2006.01]

E03D 11/14 · · 将抽水马桶接至墙上的装置，例如，接至墙上的排水口[2,2006.01]

E03D 11/16 · · 将抽水马桶接至地板上的装置，例如，接至地板上的排水口[2,2006.01]

E03D 11/17 · · 将抽水马桶接至冲洗管道的装置[2,2006.01]

E03D 11/18 · 虹吸管（一般管道入 F16L 43/00，F16L 45/00）[1,2006.01]

E03D 13/00 小便池（不带冲洗设备入 A47K 11/00）[1,2006.01]

E03F 下水道；污水井

小类索引

下水道 ·· 1/00 至 9/00
污水井 ·· 11/00，7/00

E03F 1/00 排除污水或暴雨水的方法、系统或装置 [1，2006.01]

E03F 3/00 下水管道系统 [1，2006.01]

E03F 3/02 ・下水管道或管道系统的布置 [1，2006.01]

E03F 3/04 ・专门适用于下水道的管子或附件（混凝土管的制作入B28；一般管子或附件入F16L）[1，2006.01]

E03F 3/06 ・敷设下水管道的方法或装置（现场制备管道入F16L 1/038）[1，6，2006.01]

E03F 5/00 排水构筑物 [1，2006.01]

E03F 5/02 ・人孔检查井或其他检查室（一般用途入E02D 29/12）；积雪坑；附件（人孔检查井的盖、框或类似物入E02D 29/14）[1，2006.01]

E03F 5/04 ・带或不带防止臭气扩散的密封装置或沉淀集水坑的排水井 [1，2006.01]

E03F 5/042 ・・防止排水溢流或排水倒流的设施 [1，2006.01]

E03F 5/046 ・・适用于路边镶边石（E03F 5/06优先）[1，2006.01]

E03F 5/06 ・・排水井用的格栅 [1，2006.01]

E03F 5/08 ・下水道的通风 [1，2006.01]

E03F 5/10 ・集水池；调节径流量的平衡池；蓄水池 [1，2006.01]

E03F 5/12 ・紧急排水口 [1，2006.01]

E03F 5/14 ・从污水中分离液体和固体的设备，例如，砂或污泥收集池，耙或格栅（用于污水净化厂，或既可用于污水净化装置也可以用于下水系统入B01D，C02F）[1，2006.01]

E03F 5/16 ・・在通至下水主管的排水管的污水中分离油、水或油脂的设备 [1，2006.01]

E03F 5/18 ・污水的消毒、中和或冷却的水池（池内有关生物或化学方面的装置入C02F）[1，2006.01]

E03F 5/20 ・虹吸管或倒虹吸管（接在浴盆、洗脸盆或类似设备上入E03C 1/12）[1，2006.01]

E03F 5/22 ・提升污水用的抽水泵站设备的应用（抽空下水道或污水井的移动式设备入E03F 7/10；水泵和抽水泵站本身入F04）[1，2006.01]

E03F 5/24 ・下水道内中和爆炸的装置 [1，2006.01]

E03F 5/26 ・搅动污水的装置 [1，2006.01]

E03F 7/00 用于下水道系统运行的其他装置或器具，例如，用于防止或指示堵塞；污水井的抽空 [1，2006.01]

E03F 7/02 ・关闭装置（一般入F16K）[1，2006.01]

E03F 7/04 ・防止回流的阀门 [1，2006.01]

E03F 7/06 ・阻挡老鼠或其他动物的装置 [1，2006.01]

E03F 7/08 ・抽空地下水道或污水井用的手动工具 [1，2006.01]

E03F 7/10 ・抽空地下水道或污水井用的移动式装置 [1，2006.01]

E03F 7/12 ・使检查人员能沿下水道行进的装置

	[1,2006.01]
E03F 9/00	清洗下水管道的装置或固定装置，例如，冲洗装置（装在下水管道的沉淀集水池、耙或格栅或类似物入 E03F 5/14；管道的一般清洗，清洗管道的设备入 B08B 9/02）[1,2006.01]
E03F 11/00	污水井（污水井的抽空入 E03F 7/00；有关污水处理的设备入 C02F）[1,2006.01]

E04　建筑物

E04B　一般建筑物构造；墙，例如，间壁墙；屋顶；楼板；顶棚；建筑物的隔绝或其他防护（墙、楼板或顶棚上的开口的边沿构造入 E06B 1/00）

附注 [4, 5]

1. 本小类包括用于建造新建筑物的施工方法和对现有建筑物的类似施工方法。现有建筑物的其他施工方法除隔绝方面的施工方法外均分入大组 E04G 23/00 中。
2. 在本小类中，下列用词的含义为：
    - "顶棚"包括隐蔽承重顶棚结构或屋顶结构内面的所有装修材料。

E04B 1/00　一般构造；不限于墙，例如，间壁墙或楼板或顶棚或屋顶中任何一种结构（脚手架、模板入 E04G；特殊用途的建筑物用的专用结构，建筑物的一般布置，例如，模数协调入 E04H）[1, 2006.01]

E04B 1/02　·主要由承重的块状或板状构件构成的结构（E04B 1/32 至 E04B 1/36 优先）[1, 2006.01]

E04B 1/04　··混凝土构件，例如，钢筋混凝土或其他石类材料制成的构件 [1, 2006.01]

E04B 1/06　···预应力构件 [1, 2006.01]

E04B 1/08　··金属构件 [1, 2006.01]

E04B 1/10　··木制构件 [1, 2006.01]

E04B 1/12　··由其他材料制成的构件 [1, 2006.01]

E04B 1/14　··由两种或更多种材料制成的构件（钢筋混凝土构件入 E04B 1/04）[1, 2006.01]

E04B 1/16　·由集合材料制成的结构，例如，混凝土现场以浇制或类似方法成型的结构，无论是否使用附加构件，例如，永久性结构、由承重材料覆盖的下部结构（E04B 1/32 至 E04B 1/36 优先）[1, 2006.01]

E04B 1/18　·包含长形承重部件的结构，例如，包含柱、大梁、骨架（E04B 1/32 至 E04B 1/36 优先；作为杆件、桁架、桁架结构的长条形承重部件入 E04C 3/00）[1, 2006.01]

E04B 1/19　··三维框架结构 [2, 2006.01]

附注 [2]

E04B 1/19 优先于 E04B 1/20 至 E04B 1/30 各组。

E04B 1/20　··混凝土支承构件，例如，钢筋混凝土的，或其他石类材料 [1, 2006.01]

E04B 1/21　···所用连接件 [2, 2006.01]

E04B 1/22　···带有预应力部件 [1, 2006.01]

E04B 1/24　··金属支承构件 [1, 2006.01]

E04B 1/26　··木制支承构件 [1, 2006.01]

E04B 1/28　··其他材料制成的支承构件 [1, 2006.01]

E04B 1/30　··用两种或更多种材料制成的支承构件；钢和混凝土的混合结构（钢筋混凝土结构入 E04B 1/20）[1, 2006.01]

E04B 1/32　·拱形结构；穹隆顶的结构；折板结构（穹隆屋顶入 E04B 7/08）[1, 2006.01]

E04B 1/34　·特种结构，例如，用由桅杆结构或封闭的电梯井或楼梯间等塔式结构支承的悬吊或悬臂杆件；与弹性稳定性有关的特征（E04B 1/342, E04B 1/343, E04B 1/348 优先；楼板用入 E04B 5/43；特殊用途的建筑物，例如，抗震

建筑物入 E04H）[1,2006.01]

E04B 1/342 · 覆盖大面积空间的结构，其侧边敞开或不敞开的，例如，大型飞机库、大厅（屋架入 E04C 3/00；特定用途的非结构性特征参见 E04H 有关组）[1,2006.01]

E04B 1/343 · 以可移动、可拆开或可折叠部件为特征的结构，例如，用于运输（移动式屋顶部件入 E04B 7/16；可浮动的建筑物入 B63B；可整体运输的小型预制房屋入 E04H 1/12；小型车库入 E04H 6/02；一般的帐篷或天篷入 E04H 15/00）[1,2006.01]

E04B 1/344 · · 带铰接部件 [1,2006.01]

E04B 1/346 · · 旋转式建筑物；带旋转单元的建筑物，例如，旋转房间 [1,2006.01]

E04B 1/348 · 由至少构成房间两侧墙壁绝大部分的构件组合而成的结构，例如，封闭式或在骨架式模壳中的盒形或箱形构件（敷设管道或类似物的墙构件入 E04C 2/52）[1,2006.01]

E04B 1/35 · 特殊建筑施工方法，例如，升板法、顶升法（E04B 1/34 优先；现场制作的用于特殊形状的结构的墙、地板、天花板或屋顶用的脚手架、模板入 E04G 11/04；建筑材料的运输或装配入 E04G 21/00；对现有建筑物的施工措施入 E04G 23/00）[1,2006.01]

E04B 1/36 · 允许移动的支座或类似支承（桥梁用入 E01D 19/04；抗地震入 E04H 9/02）[1,2006.01]

E04B 1/38 · 一般的建筑结构的连接 [1,2006.01]

附注 [5]

专门用于特种建筑部件或特种建筑结构的连接分类入这种部件或结构的组，例如，E04B 1/21，E04B 2/00，E04B 5/00，E04B 7/00 或 E04B 9/00。并不专门用于建筑物构造或更为一般使用的连接件分入适当的小类，例如，F16B。

E04B 1/41 · · 专用于埋入混凝土或砌体之中的连接装置（空心墙的隔撑入 E04B 2/30，E04B 2/44；加钢筋的连接部件入 E04C 5/16；在开口的周边处连接框入 E06B 1/56）[1,2006.01]

E04B 1/48 · · 榫，即用于穿透两个部件的表面并且承受剪应力的零件 [1,2006.01]

E04B 1/49 · · · 带有自贯入部分，例如，爪状榫 [1,2006.01]

E04B 1/58 · · 用于条形建筑构件 [1,2006.01]

E04B 1/61 · · 用于互为板形建筑构件 [5,2006.01]

E04B 1/62 · 隔绝或其他防护；所用构件或特殊材料的使用（化学成分入 C01 至 C11；用于提供隔绝或密封的器具入 E04F 21/00；能经受或提供保护不希望出现的外界影响的建筑物入 E04H 9/00；在墙内或间壁墙内的密封管入 F16L 5/02；对危害性辐射的屏蔽入 G21F）[1,2006.01]

E04B 1/64 · · 用于防潮；防腐蚀（密封入 E04B 1/66）[1,2006.01]

E04B 1/66 · · 密封（使灰浆具有防渗漏性质的添加剂入 C04B；沥青密封集合材料入 C08L 95/00；一般水利工程设施的密封入 E02B 3/16；地下潮气或地下水的防护入 E02D 31/02；防雨或防其他大气降落物的覆盖入 E04D；密封片的材料成分或制造参见有关这些片材的类）[1,2006.01]

E04B 1/68 · · · 接缝用的，例如，伸缩缝（道路或机场的接缝用填料入 E01C 11/02；桥梁的伸缩缝入 E01D 19/06；基础桩之间的接缝密封入 E02D 5/14；基础结构之间的接缝入 E02D 29/16；屋面覆盖构件之间的接缝或缝隙的密封设施入 E04D 1/36；屋面覆盖构件之间的接缝密封入 E04D 3/38；现场用集合材料制成的楼板或楼面层的接缝构造入 E04F 15/14）[1,2006.01]

E04B 1/682	‥‥现场制作 [5,2006.01]
E04B 1/684	‥‥采用预成型弹性部件 [5,2006.01]
E04B 1/686	‥‥包括许多空腔、可变形的内部格子 [5,2006.01]
E04B 1/70	·使干燥或保持干燥，例如，通过通风孔（通过密封的入 E04B 1/66；在安装过程中用的入 E04G 21/28）[1,2006.01]
E04B 1/72	·建筑物的防害虫措施（通过保持干燥入 E04B 1/70；木材或类似材料的浸渍入 B27K）[1,2006.01]
E04B 1/74	·对热、声或噪声的隔绝、吸收或反射（用于影响或引导声音的房间的形式或屋内布置入 E04B 1/99）；提供良好温度或声响条件的其他建筑方法，例如，在墙内蓄热（防火入 E04B 1/94；主要用于结构用途的构件入 E04C 1/00 至 E04C 3/00；主要用于表面覆盖入 E04F 13/00；作为地板覆盖物的底层入 E04F 15/18；墙上开口或类似开口的封闭入 E06B）[1,2006.01]
E04B 1/76	‥专门用于保温（一般的绝热入 F16L 59/00）[1,2006.01]
E04B 1/78	‥‥绝热构件 [1,2006.01]
E04B 1/80	‥‥‥板式 [1,2006.01]
E04B 1/82	‥专门用于隔音（管道或通道中的噪声衰减入 E04F 17/00；一般的噪声衰减入 G10K 11/16）[1,2006.01]
E04B 1/84	‥‥吸音构件 [1,2006.01]
E04B 1/86	‥‥‥板式 [1,2006.01]
E04B 1/88	‥‥既用以隔热也用以隔音的构件 [1,2006.01]
E04B 1/90	‥‥·板式 [1,2006.01]
E04B 1/92	·对其他不希望出现的影响或危险的防护（能够防外界危险的建筑物入 E04H 9/00；对危害性辐射的屏蔽入 G21F）[1,2006.01]
E04B 1/94	‥·防火（消防入 A62C；木材或类似材料的浸渍入 B27K；防火门入 E06B 5/16）[1,2006.01]
E04B 1/98	‥·防振动或震动（有关基础入 E02D 31/08）；防止机械性的损坏，例如，空袭（仅仅防止燃烧性损坏入 E04B 1/94；所用装修入 E04F；抗地震或类似震动的房屋、掩蔽所、防弹片的墙的安排入 E04H 9/00）[1,2006.01]
E04B 1/99	·室内声学，即用以影响或引导声音的房间的形式或室内布置（E04B 1/82 优先；一般的声学入 G10K 11/00；用于产生反响或回声的电信号方法入 G10K 15/08）[1,2006.01]
E04B 2/00	**建筑物的墙，例如，间壁墙；隔绝墙的构造；专门用于墙的连接**（建筑结构的一般连接入 E04B 1/38；一般的建筑隔绝入 E04B 1/62；建筑物部件中的比较薄的建筑构件入 E04C 2/00）[1,2006.01]
E04B 2/02	·用建筑构件成层砌成 [1,2006.01]
E04B 2/04	‥在固体构件之间或之中均无空腔的墙 [1,2006.01]
E04B 2/06	‥·用带有使位置稳定的专门设施的构件 [1,2006.01]
E04B 2/08	‥·通过突出部分或插入件与凹槽互相锁结，例如，用企口榫、槽、燕尾榫 [1,2006.01]
E04B 2/10	‥·通过在构件内的小槽中或构件之间的槽口内填充带或不带加强件的材料 [1,2006.01]
E04B 2/12	‥·使用其形状不同于平行六面体的构件 [1,2006.01]
E04B 2/14	‥在构件内而不是在构件之间有空腔的墙，即每一个空腔至少由构成单根构件的四边所封闭 [1,2006.01]

E04B 2/16	‧‧用具有使位置稳定的专门设施的构件 [1,2006.01]
E04B 2/18	‧‧‧通过突出部分或插入件与凹槽相互锁结，例如，用企口榫、槽、燕尾榫 [1,2006.01]
E04B 2/20	‧‧‧‧通过在构件内的小槽中或构件之间的槽口内填充带或不带加强件的材料 [1,2006.01]
E04B 2/22	‧‧使用其形状不同于平行六面体的构件 [1,2006.01]
E04B 2/24	‧‧‧以有些空腔被填实以起到承重柱或梁作用为特征的墙 [1,2006.01]
E04B 2/26	‧‧‧以空腔被全部填实以形成实墙结构为特征的墙 [1,2006.01]
E04B 2/28	‧在构件之间而不是在构件之内有空腔的墙；由两个或更多个用隔撑彼此隔开的部分组成的墙体构件，所有部件均为实心 [1,2006.01]
E04B 2/30	‧‧用带有使位置稳定的专门设施的构件；空心墙的隔撑 [1,2006.01]
E04B 2/32	‧‧‧通过突出部分或插入件与凹槽相互锁结，例如，用企口榫、槽、燕尾榫 [1,2006.01]
E04B 2/34	‧‧‧‧通过在构件内的小槽中或构件之间的槽口内填充带或不带加强件的材料 [1,2006.01]
E04B 2/36	‧‧‧使用其形状不同于平行六面体的构件 [1,2006.01]
E04B 2/38	‧‧‧以有些空腔被填实以起到承重柱或梁作用为特征的墙 [1,2006.01]
E04B 2/40	‧‧‧以全部空腔都被填实以形成实墙结构为特征的墙 [1,2006.01]
E04B 2/42	‧‧构件之间和构件之中均有空腔的墙；由两个或更多个用隔撑彼此隔开的部分构成的墙，这些部分中至少有一个是带空腔 [1,2006.01]
E04B 2/44	‧‧‧用带有使位置稳定的专门设施的构件；空心墙的隔撑 [1,2006.01]
E04B 2/46	‧‧‧‧通过突出部分或插入件与凹槽相互锁结，例如，用企口榫、槽、燕尾榫 [1,2006.01]
E04B 2/48	‧‧‧‧‧通过在构件内的小槽中或构件之间的槽口内填充带或不带加强件的材料 [1,2006.01]
E04B 2/50	‧‧‧使用其形状不同于平行六面体的构件 [1,2006.01]
E04B 2/52	‧‧‧以有些空腔被填实以起到承重柱或梁作用为特征的墙 [1,2006.01]
E04B 2/54	‧‧‧以空腔被全部填实以形成实墙结构为特征的墙 [1,2006.01]
E04B 2/56	‧框架或墩柱结构的墙；有承重长条形构件的墙（E04B 2/74，E04B 2/88 优先；墩柱入 E04C 3/30）[1,2006.01]
E04B 2/58	‧‧带长条形金属构件 [1,2006.01]
E04B 2/60	‧‧‧以长条形构件的特殊横截面为特征 [1,2006.01]
E04B 2/62	‧‧‧‧由两个或更多个部件以边靠边的方式组成的构件 [1,2006.01]
E04B 2/64	‧‧带长条形混凝土构件 [1,2006.01]
E04B 2/66	‧‧‧以长条形构件的特殊横截面为特征 [1,2006.01]
E04B 2/68	‧‧‧用填充墙内空腔构成（E04B 2/24，E04B 2/38，E04B 2/52 优先）[1,2006.01]
E04B 2/70	‧‧带长条形木制构件 [1,2006.01]
E04B 2/72	‧用较薄构件构成的墙（E04B 2/56，E04B 2/74，E04B 2/88 优先；具有框架或墩柱作用的接缝填充物入 E04B 2/68；构件入 E04C 2/00）[1,

2006.01]

E04B 2/74 ·可拆卸的非承重墙；上边缘不固定的隔墙（框架用墙板入 E04C 2/38）[1,2006.01]

E04B 2/76 ··有金属框架或支柱 [1,2006.01]

E04B 2/78 ···以框架的特殊横截面为特征 [1,2006.01]

E04B 2/80 ··有木制框架或支柱 [1,2006.01]

E04B 2/82 ··以边缘与建筑物相连接的方式为特征；所用措施；易于拆卸的隔墙的特殊细部构件 [1,2006.01]

E04B 2/84 ·现场浇制、浇灌或捣实筑成的墙（E04B 2/02，E04B 2/56 优先；所用模壳入 E04G 11/06；能现场浇制或浇灌的混凝土或类似集合材料的制备入 E04G 21/02）[1,2006.01]

E04B 2/86 ··在永久性模板中制作 [1,2006.01]

E04B 2/88 ·幕墙 [1,2006.01]

E04B 2/90 ·包括直接装在建筑物上的墙板 [4,2006.01]

E04B 2/92 ··夹层型墙板 [4,2006.01]

E04B 2/94 ··混凝土墙板（E04B 2/92 优先）[4,2006.01]

E04B 2/96 ··包括通过竖框或横梁装到建筑物上的板 [4,2006.01]

E04B 5/00 楼板；用于隔绝的楼板结构；所专用的连接件（楼板构件，例如，砖、石、填料、楼板梁入 E04C；作装修件用的楼板，楼板的隔绝，诸如供计算机房用的局部活动楼板入 E04F 15/00）[1,5,2006.01]

E04B 5/02 ·基本上用预制件构成的承重楼板结构（E04B 5/43 至 E04B 5/48 优先）[1,2006.01]

E04B 5/04 ··具有用混凝土或其他石类材料制作的梁，例如，用石棉水泥（E04B 5/08，E04B 5/14 优先）[1,2006.01]

E04B 5/06 ···以相互依靠的方式放置 [1,2006.01]

E04B 5/08 ··用块状构件组成，例如，用空心石料（E04B 5/14 优先；用加筋砖块组成的楼板入 E04B 5/44）[1,2006.01]

E04B 5/10 ··具有金属的大梁或小梁，例如，钢制格构大梁（E04B 5/14 优先）[1,2006.01]

E04B 5/12 ··具有木制梁（E04B 5/14 优先）[1,2006.01]

E04B 5/14 ··具有放在两个方向上的大梁或梁 [1,2006.01]

E04B 5/16 ·全部或部分现场以浇制或类似方法成型的承重楼板结构（E04B 5/43 至 E04B 5/48 优先；仅以预制构件为特征的楼板入 E04C）[1,2006.01]

E04B 5/17 ··部分现场成型的楼板结构 [1,2006.01]

E04B 5/18 ···在填充件之间具有整体浇制的加劲肋或其他梁型构造的楼板 [1,2006.01]

E04B 5/19 ···起自承重永久性模壳作用的填充件（E04B 5/21 优先）[1,2006.01]

E04B 5/21 ···井字肋型楼板 [1,2006.01]

E04B 5/23 ···具有全部或部分预制的加劲肋或其他类似梁型的构造（全部承重构件基本上都是预制入 E04B 5/02）[1,2006.01]

E04B 5/26 ···在梁之间有填充件（E04B 5/28 优先）[1,2006.01]

E04B 5/28 ···井字肋型楼板 [1,2006.01]

E04B 5/29 ···全金属梁的预制部件（E04B 5/28 优先）[1,2006.01]

E04B 5/32 ··使用或不用模壳件或加强件的全部现场浇制的楼板结构 [1,2006.01]

E04B 5/36 ··具有作为楼板一部分的模壳件 [1,2006.01]

E04B 5/38 ···具有同时作加强件的平板式模壳件；具有横向向外伸展加强

— 42 —

	件的模壳板[1,2006.01]		2006.01]
E04B 5/40	····具有金属模壳板[1,2006.01]	E04B 7/12	·多跨结构,例如,锯齿形屋顶(E04B 7/10优先)[1,2006.01]
E04B 5/43	·特殊设计的楼板结构;有关弹性稳定性的特性;专门设计用来只支承在柱上的楼板结构,例如,无梁楼板(一般的特种结构入E04B 1/34)[1,2006.01]	E04B 7/14	·悬索屋顶(一般的悬挂式帐篷或天篷入E04H 15/04)[1,2006.01]
		E04B 7/16	·有可移动部件的屋顶结构(特殊用途的建筑物入E04H)[1,2006.01]
		E04B 7/18	·屋顶内或屋顶上的特殊结构,例如,老虎窗(与屋顶覆盖层相结合入E04D 13/00;特别是圆屋顶入E04D 13/03)[1,2006.01]
E04B 5/44	·由石子、砂浆和钢筋筑成的楼板构件(装玻璃嵌板入E04B 5/46)[1,2006.01]		
E04B 5/46	·透光楼板的特殊结构,例如,玻璃嵌板(顶棚入E04B 9/32;块状构件入E04C 1/42;平板或薄板构件入E04C 2/54;用于屋顶覆盖层入E04D 3/06)[1,5,2006.01]	E04B 7/20	·包括自支撑板的屋顶,例如,能够承重[5,2006.01]
		E04B 7/22	··具有隔绝特性的板,例如,由隔绝材料层叠成(E04B 7/24优先)[6,2006.01]
		E04B 7/24	··可折叠的板,例如,用于运输[6,2006.01]
E04B 5/48	·在其中敷设管道的特殊楼板,例如,采暖或通风用(在块状构件内入E04C 1/39;在平板或薄板构件内入E04C 2/52)[1,2006.01]	**E04B 9/00**	**顶棚;顶棚的构造,例如,活动顶棚;有关隔绝的顶棚构造**(用作制作楼板用的模板的顶棚入E04B 5/00;顶棚的覆盖或里衬入E04F 13/00)[1,2006.01]
E04B 7/00	**屋顶;有关隔绝的屋顶构造**(用于屋顶同时也用于楼板的结构入E04B 5/00;顶棚入E04B 9/00;温室入A01G 9/14;有浮动盖的大型容器入B65D 88/34;屋架、桁架式结构、托梁入E04C 3/02;屋顶覆盖层入E04D)[1,5,2006.01]	E04B 9/02	·具有通风或排出烟雾设施[1,2006.01]
		E04B 9/04	·包括有板、薄板或类似构件(E04B 9/06至E04B 9/34优先;板、薄板或类似的构件<u>本身</u>入E04C 2/00)[1,2006.01]
		E04B 9/06	·以支承结构的构造特点为特征[1,2006.01]
E04B 7/02	·具有平坡式表面,例如,双坡屋顶(E04B 7/12优先)[1,2006.01]	E04B 9/08	··具有伸缩能力[1,2006.01]
E04B 7/04	··由放在墙上的水平梁或相当的构件支承(E04B 7/06优先)[1,2006.01]	E04B 9/10	··在支承结构中平行构件之间的连接(E04B 9/08优先)[1,2006.01]
E04B 7/06	··屋顶交接部位或屋脊末端结构[1,2006.01]	E04B 9/12	··在支承结构中非平行构件之间的连接(E04B 9/08优先)[1,2006.01]
E04B 7/08	·穹隆屋顶(E04B 7/14优先;一般的穹隆顶结构入E04B 1/32;一般可充气的帐篷或天篷入E04H 15/20;可充气的模入E04G 11/04)[1,2006.01]	E04B 9/14	···所有构件是不连续的并且至少部分地处于同一平面中[1,2006.01]
E04B 7/10	··薄壳结构,例如,双曲抛物面形;格子式薄壳结构;折板结构[1,	E04B 9/16	···构件处于不同的平面中[1,

	2006.01]		支承结构的水平翼缘相结合或与支承结构上连接的辅助器件相结合 [1,2006.01]
E04B 9/18	·悬挂支承结构的设施 [1,2006.01]		
E04B 9/20	··可调节 [1,2006.01]		
E04B 9/22	·板、薄板或类似构件与支承结构的连接 [1,2006.01]	E04B 9/30	·以顶棚边缘的细部构件为特征,即固定在邻接墙壁上 [1,2006.01]
E04B 9/24	··把板、薄板或类似构件置于或装设在支承结构的水平翼缘上 [1,2006.01]	E04B 9/32	·半透明顶棚,即可让灯光透射和扩散（E04B 9/34 优先；照明入 F21）[1,2006.01]
E04B 9/26	···通过可弹性形变元件的快速动作 [1,2006.01]	E04B 9/34	·网格状顶棚,例如,格子型（E04B 9/30 优先）[1,2006.01]
E04B 9/28	··把带槽口的板、薄板或类似构件与	E04B 9/36	··由平行板条组成 [1,2006.01]

E04C　结构构件；建筑材料（桥梁用入 E01D；专门设计作隔绝或其他防护用途入 E04B；辅助建筑构件入 E04G；采矿用入 E21；隧道用入 E21D；具有除建筑工程以外更广泛用途的结构构件入 F16,特别是 F16S）

E04C 1/00	建造建筑部件用的块状或其他形状的建筑构件（较薄形构件入 E04C 2/00；长条形的承重构件入 E04C 3/00,例如,柱或支柱入 E04C 3/30；砖、石或类似物的制作或材料入 B28,C03,C04；铺路构件入 E01C；一般建筑构造入 E04B,例如,墙入 E04B 2/00,楼板入 E04B 5/00,屋顶入 E04B 7/00,顶棚入 E04B 9/00；专门设计供建筑物内管道井用的结构构件入 E04F；建筑炉灶用的专用构件入 F24B,F27D）[1,5,2006.01]	E04C 2/00	建造建筑部件用的较薄形构件,例如,各种薄板、平板或镶板（材料或制作参见有关分类,例如,B27N,B29,D21J；现场制作入 E04B；专门设计作隔绝其他防护用入 E04B 1/62；承重楼板结构入 E04B 5/02,E04B 5/16；由自支承板构成的屋顶入 E04B 7/20；屋顶或类似的覆盖构件入 E04D 3/00；作衬里或装修用入 E04F 13/00）[1,2006.01]
		E04C 2/02	·以特殊材料为特征（透明入 E04C 2/54）[1,2006.01]
		E04C 2/04	··用混凝土或其他石类材料制作；用石棉水泥制作（E04C 2/26 优先,材料或制作方法入 B28,C04）[1,2006.01]
E04C 1/39	·以特殊用途为特征的,例如,设置管道用,形成拱腹面、花檐或搁板用,固定墙板或门框用,供作回廊用 [1,2006.01]		
		E04C 2/06	···加筋 [1,2006.01]
E04C 1/40	·由不同材料构成的部件,例如,由几层不同材料或带有填充或带有隔绝添加物的石质材料 [1,2006.01]	E04C 2/08	··用金属制作,例如,金属薄板（E04C 2/26 优先）[1,2006.01]
E04C 1/41	··由隔绝材料和承重混凝土、石料或石类材料组成 [6,2006.01]	E04C 2/10	··用木材、纤维、木屑、植物秆或类似材料制作；用塑料制作；用泡沫制品制作（E04C 2/26 优先）[1,2006.01]
E04C 1/42	·用玻璃或其他透明材料制作 [1,2006.01]		

E04C 2/12	···用厚木板制作［1,2006.01］
E04C 2/14	···加筋［1,2006.01］
E04C 2/16	···用纤维、木屑、植物秆或类似材料制作［1,2006.01］
E04C 2/18	···具有绑扎钢丝、钢筋或类似物［1,2006.01］
E04C 2/20	···用塑料制作［1,2006.01］
E04C 2/22	····增强［1,2006.01］
E04C 2/24	···由E04C 2/12，E04C 2/16，E04C 2/20中两个或更多个小组所包括的几种材料层叠或组合而成［1,2006.01］
E04C 2/26	··由E04C 2/04，E04C 2/08，E04C 2/10中两个或更多个小组所包括的几种材料组成或者由这些小组中的任一分组所包括的材料和不包括在这些小组中的材料组成［1,2006.01］
E04C 2/28	···由E04C 2/04和E04C 2/08中所包括的材料的结合［1,2006.01］
E04C 2/284	···至少有一种材料是隔绝材料［6,2006.01］
E04C 2/288	····由隔绝材料和混凝土、石料或石类材料组成［6,2006.01］
E04C 2/292	····由隔绝材料和金属层组成［6,2006.01］
E04C 2/296	····由隔绝材料和非金属的或非特定的材料层组成（E04C 2/288优先）［6,2006.01］
E04C 2/30	·以形状或结构为特征（透明入E04C 2/54）［1,2006.01］
E04C 2/32	··由波形或其他有凹痕的薄板状材料构成；由这类层组合而成，其中可含有或不含有平板状材料层［1,2006.01］
E04C 2/34	··由两块或多块相互隔开的薄板状部件组成（E04C 2/32优先；空心墙的隔撑入E04B 2/44）［1,2006.01］
E04C 2/36	···由横向放置的条形材料隔开，例如，蜂窝板（成层制品的蜂窝或其他夹芯部件入B32B）［1,2006.01］
E04C 2/38	··带肋、翼缘或类似物的，例如，有框架的镶板（有关装配在其他镶板或构件上以形成一结构的，参见有关结构的位置，例如，E04B 2/00）［1,2006.01］
E04C 2/40	··由若干固定地或活动地连接在一起的较小部件组成，例如，以锁接、铰接方式连结在一起［1,2006.01］
E04C 2/42	·格栅；格形镶板（加筋构件入E04C 5/00；内装的格栅入E04F 19/10；一般的格栅入F16S3/00）［1,2006.01］
E04C 2/52	·专门适于辅助性用途，例如，用于铺设管道（E04C 2/54优先；所用块状构件入E04C 1/39；带有管道的楼板结构入E04B 5/48）［1,2006.01］
E04C 2/54	·板状半透明构件（透射光的楼板入E04B 5/46；半透明或格子顶棚入E04B 9/32，E04B 9/34；半透明屋顶入E04D 3/06，E04D 3/28）［1,2006.01］
E04C 3/00	**用于承重的长条形结构构件**（用作建筑辅助件入E04G）［1,2006.01］
E04C 3/02	·托梁；大梁、桁梁或桁架式结构，例如，预制的；过梁；横档（E04C 3/38优先；以可移动、可分开或可折叠部件为特征的结构入E04B 1/343）［1,2006.01］
E04C 3/04	··金属（E04C 3/29优先；用作钢筋构件入E04C 5/06；制作入B21）［1,2006.01］
E04C 3/06	···具有基本上是实体的腹板，即无孔的腹板（E04C 3/10，E04C 3/11优先）［1,2006.01］
E04C 3/07	····至少部分地由弯曲的或以其他形式变形的带形或薄板材

	料制成 [1,2006.01]
E04C 3/08	··具有孔洞的腹板，例如，由杆件组成的腹板；蜂窝状大梁（E04C 3/10，E04C 3/11 优先）[1,2006.01]
E04C 3/09	···至少部分地由弯曲的或以其他形式变形的带形或薄板材料制成 [1,2006.01]
E04C 3/10	···预应力 [1,2006.01]
E04C 3/11	···有不平行的上边缘和下边缘，例如，屋架（拱形梁、门架入 E04C 3/38）[1,2006.01]
E04C 3/12	··木制的，例如，带加强件、带拉伸件（E04C 3/292 优先）[1,2006.01]
E04C 3/14	··具有基本上是实体的腹板，即无孔的腹板（E04C 3/17，E04C 3/18 优先）[1,2006.01]
E04C 3/16	··具有孔洞的腹板，例如，桁架（E04C 3/17，E04C 3/18 优先）[1,2006.01]
E04C 3/17	···有不相平行的上边缘和下边缘，例如，屋架 [1,2006.01]
E04C 3/18	··有金属加强件或拉伸件 [1,2006.01]
E04C 3/20	·用混凝土或其他类石材料制作，例如，带加强件或拉伸件（加强件入 E04C 5/00）[1,2006.01]
E04C 3/22	··由成直线连接的构件制成 [1,2006.01]
E04C 3/26	··预应力（E04C 3/22，E04C 3/29 优先；预应力构件入 E04C 5/08）[1,2006.01]
E04C 3/28	·用不包括在 E04C 3/04 到 E04C 3/20 组中的材料制作 [1,2006.01]
E04C 3/29	·由不同材料的部件制作 [1,2006.01]
E04C 3/292	··以木料和金属为材料 [1,2006.01]
E04C 3/293	··以钢和混凝土为材料（具有内部加强件或拉伸件的混凝土入 E04C 3/20）[1,2006.01]
E04C 3/294	···用混凝土和侧向伸到构件外面的梁式结构相结合的构件（作加强件的轻型梁入 E04C 5/065，作楼板结构的部件入 E04B 5/23）[1,2006.01]
E04C 3/30	·柱；墩柱；支柱（并非设计用于承受端负荷入 E04C 3/02；作为独立结构的立柱、桅杆入 E04H 12/00）[1,2006.01]
E04C 3/32	··金属（E04C 3/36 优先）[1,2006.01]
E04C 3/34	··混凝土或其他石类材料制作，带或不带永久型模板构件，带或不带内部或外部加强件，例如，金属覆盖物（E04C 3/36 优先）[1,2006.01]
E04C 3/36	··用不包括在 E04C 3/32 或 E04C 3/34 组中的材料制作；用两种或多种组合材料制作 [1,2006.01]
E04C 3/38	·拱形梁或桥门梁（能弯曲的直梁入 E04C 3/02，一般的充气帐篷或天篷入 E04H 15/20）[1,2006.01]
E04C 3/40	··金属（E04C 3/46 优先）[1,2006.01]
E04C 3/42	··木制，例如，椽式屋顶用的构件（E04C 3/46 优先）[1,2006.01]
E04C 3/44	··用混凝土或其他石类材料制作，例如，具有加强件或拉伸件（E04C 3/46 优先）[1,2006.01]
E04C 3/46	··用不包括在 E04C 3/40 到 E04C 3/44 组中的材料制作；用两种或多种组合材料制作 [1,2006.01]
E04C 5/00	**加强件，例如，用于混凝土；所用辅助构件**（材料组分入 C21，C22）[1,2006.01]
E04C 5/01	·金属的加强构件，例如，带不作为结构材料涂层 [1,5,2006.01]
E04C 5/02	··抗弯能力低，即基本上是一维或二维伸展 [1,2006.01]
E04C 5/03	···带凹槽、突出部分、肋或类似部分，用来增强与混凝土的黏着

	性[**1,2006.01**]		2006.01]
E04C 5/04	···栅网（抹灰的底层入E04F 13/04）[**1,2006.01**]	E04C 5/10	··管道[**1,2006.01**]
E04C 5/06	··抗弯能力高，即基本上是三维伸展，例如，格构梁[**1,2006.01**]	E04C 5/12	·锚定装置（张拉用的工具或方法入E04G 21/12）[**1,5,2006.01**]
E04C 5/065	···轻型梁，例如，带有预制部件（一般的轻型梁入E04C 3/08，E04C 3/294）[**1,2006.01**]	E04C 5/16	·加强件的辅助部件，例如，连结器、隔撑、钢箍（连接加强件的工具入E04G 21/12）[**1,2006.01**]
E04C 5/07	·非金属材料的加强件，例如，玻璃、塑料或不完全用金属制作（具有非结构涂层的金属件入E04C 5/01）[**1,5,2006.01**]	E04C 5/18	··金属或基本上是金属[**1,2006.01**]
E04C 5/08	·专门适用于预应力结构中的构件[**1,**	E04C 5/20	··用除金属以外的其他材料制作的或仅具有附加金属部件，例如，带绑扎钢丝的混凝土或塑料隔撑[**1,2006.01**]

E04D 屋面覆盖层；天窗；檐槽；屋面施工工具（用灰泥或其他多孔材料作外墙的面层入E04F 13/00）

附注

本小类中，下列用词的含义为：
- "屋面覆盖层"包括用于建筑物其他部分的防雨、雪、雹或类似用途的任何类似种类的防水覆盖层。

小类索引

屋面覆盖层
  瓦或石板瓦；板或刚性薄板；柔性材料 ·· 1/00；3/00；5/00，11/00
  松散材料，稻草或茅草 ··· 7/00，9/00，11/00
  其他材料 ·· 11/00
与屋面覆盖层有关的专门设施 ·· 12/00，13/00
屋面施工用的设备或工具 ··· 15/00

E04D 1/00	用瓦、石板瓦、木瓦或其他小型屋面构件制作的屋面（屋顶支撑入E04D 12/00）[**1,2006.01**]	E04D 1/10	··用E04D 1/04至E04D 1/08各组内不包括的特殊材料或复合材料制作[**1,2006.01**]
E04D 1/02	·槽形或拱形屋面构件（E04D 1/28，E04D 1/30优先）[**1,2006.01**]	E04D 1/12	·平瓦或木瓦形状的屋面构件，即具有平的外表面（E04D 1/28，E04D 1/30优先）[**1,2006.01**]
E04D 1/04	··用陶瓷、玻璃或混凝土制作，带或不带加强件[**1,2006.01**]	E04D 1/14	··用石板材料制作，带或不带紧固器件[**1,2006.01**]
E04D 1/06	··金属[**1,2006.01**]		
E04D 1/08	··塑料；纤维材料[**1,2006.01**]	E04D 1/16	··用陶瓷、玻璃或混凝土制作，带或

E04D

	不带加强件 [1,2006.01]
E04D 1/18	··金属 [1,2006.01]
E04D 1/20	··塑料、纤维材料或木制 [1,2006.01]
E04D 1/22	··用 E04D 1/14 至 E04D 1/20 用各组内不包括的特殊材料或复合材料制作 [1,2006.01]
E04D 1/24	·具有空腔的屋面材料，例如，空心瓦（E04D 1/28 优先）[1,2006.01]
E04D 1/26	·形状如成行木瓦的条形屋面构件 [1,2006.01]
E04D 1/28	·由两层或更多层材料构成的屋面构件，例如，起隔绝作用 [1,2006.01]
E04D 1/30	·特殊的屋面覆盖构件，例如，脊瓦、沟瓦、山墙瓦、通风瓦管（E04D 3/40 优先；能量收集装置的屋面覆盖层入 E04D 13/18）[1,2006.01]
E04D 1/34	·把屋面覆盖构件安装在支承构件上的紧固器件 [1,2006.01]
E04D 1/36	·屋面覆盖构件之间的空隙或接缝的密封设备（不限于屋面覆盖构件之间的接缝的密封入 E04B 1/68）[1,2006.01]
E04D 3/00	**采用平板、曲面板或刚性薄板的屋面覆盖层**（E04D 1/00 优先；组合屋顶入 E04D 11/02）[1,2006.01]
E04D 3/02	·用平板、石板或薄板或其断面无关紧要的材料制作（E04D 3/35 优先）[1,2006.01]
E04D 3/04	··用混凝土或陶瓷制作（用石棉水泥制作入 E04D 3/18）[1,2006.01]
E04D 3/06	··用玻璃或其他透明材料制作；所用固定器件（用于固定窗户的窗格玻璃的器件入 E06B 3/54）[1,2006.01]
E04D 3/08	···带金属格条 [1,2006.01]
E04D 3/14	····带有用其他材料制成的格条，例如，玻璃 [1,2006.01]
E04D 3/16	··用金属制作 [1,2006.01]
E04D 3/18	··用 E04D 3/04、E04D 3/06 或 E04D 3/16 各组内不包括的特殊材料或复合材料制作 [1,2006.01]
E04D 3/24	·具有特殊横断面，例如，两面都带波纹，带肋、翼缘或类似物（E04D 3/35 优先）[1,2006.01]
E04D 3/26	··用混凝土或陶瓷制作 [1,2006.01]
E04D 3/28	··用玻璃制作 [1,2006.01]
E04D 3/30	··用金属制作 [1,2006.01]
E04D 3/32	··用塑料、纤维材料或石棉水泥制作 [1,2006.01]
E04D 3/34	··用 E04D 3/26 至 E04D 3/32 各组内不包括的特殊材料或复合材料制作 [1,2006.01]
E04D 3/35	·由两层或更多层材料构成的屋面板或刚性薄板，例如，用于隔绝 [1,2006.01]
E04D 3/36	·连接；紧固 [1,2006.01]

附注

在 E04D 3/361 至 E04D 3/368 各组中，附加的小型固定件，例如，钉子、螺丝等不列为单独的连接件。

E04D 3/361	··通过板或薄板的具有特殊断面的边缘部分 [1,2006.01]
E04D 3/362	···通过将一块板或薄板的边缘锁接在相邻的板或薄板的成型边缘部分内，例如，用单独的连接件 [1,2006.01]
E04D 3/363	···具有瞬时动作 [1,4,2006.01]
E04D 3/3645	···通过干涉装配 [4,2006.01]
E04D 3/365	··通过边缘部分的简单搭接并使用另外的连接件，例如，用于波形板的挂钩或螺栓 [1,2006.01]
E04D 3/366	··用檐槽、凸起部分或栅撑构件填合板或薄板之间的空隙，例如，压缝条 [1,2006.01]
E04D 3/367	··通过相邻板或薄板的边缘部分的永久性变形，例如，通过边缘的折叠 [4,2006.01]
E04D 3/368	··通过把相邻的板或薄板的边缘部分压在一起 [1,2006.01]
E04D 3/369	··通过相邻的板或薄板的边缘部分的

	焊接［1，2006.01］
E04D 3/38	·密封屋面构件之间空隙或接缝的设备（E04D 3/36 优先；不限于屋面覆盖构件之间的接缝的密封入 E04B 1/68）［1，2006.01］
E04D 3/40	·为辅助用途而局部改型的板或薄板，例如，用来安在墙上，用来作为檐沟；特殊用途的构件，例如，专门用来和板或薄板一起使用的屋脊构件（能量收集装置用的屋面覆盖层入 E04D 13/18）［1，2006.01］
E04D 5/00	柔性材料屋面覆盖层，例如，以成卷形状提供（采用刚性薄板入 E04D 3/00；平屋顶用的砾石层入 E04D 7/00；组合屋顶入 E04D 11/02）［1，2006.01］

附注

E04D 5/12 组优先于 E04D 5/02 至 E04D 5/08 各组。

E04D 5/02	·用密封物质浸渍的材料，例如，屋面油毡［1，2006.01］
E04D 5/04	·金属薄片［1，2006.01］
E04D 5/06	·塑料［1，2006.01］
E04D 5/08	·其他材料［1，2006.01］
E04D 5/10	·复合材料或叠层材料，例如，涂有沥青的金属薄片或塑料薄膜（E04D 5/12 优先）［1，2006.01］
E04D 5/12	·用颗粒状的表面、用附着的衬垫专门改进，例如，穿孔［1，2006.01］
E04D 5/14	·所用紧固器件［1，2006.01］
E04D 7/00	现场铺筑密封集合材料的屋面覆盖层；平屋顶上的砾石面层［1，2006.01］
E04D 9/00	用稻草、麦秸或类似物作屋面覆盖层（防止燃烧损坏的浸渍入 B27K）［1，2006.01］
E04D 11/00	由不限于 E04D 1/00 至 E04D 9/00 各组中单独一组所包括的材料制成的屋面覆盖层；以 E04D 1/00 至 E04D 9/00 各组中所没有包括的方式制作的屋面覆盖层［1，2006.01］
E04D 11/02	·组合屋顶，即由两层或更多层现场黏结成的屋顶，其中至少有一层是防水层（平屋顶上的砾石面层入 E04D 7/00；孔口或通风入 E04D 13/17）［1，2006.01］
E04D 12/00	屋面材料用的非结构性支承，例如，板条、护板（E04D 11/02 优先）［1，2006.01］
E04D 13/00	与屋面覆盖层有关的特殊布置或设施；屋面排水（通风瓦管入 E04D 1/30；通风板入 E04D 3/40；内部沟槽入 E04F 17/00）［1，2006.01］
E04D 13/02	·老虎窗的屋面覆盖层（E04D 13/14 优先；所用结构入 E04B 7/18）［1，2006.01］
E04D 13/03	·天窗；圆屋顶；通风天窗（E04D 13/14 优先；所用结构入 E04B 7/18）［1，2006.01］
E04D 13/035	··以具有可移动部件为特征［1，2006.01］
E04D 13/04	·屋面排水；平屋顶的排水附件（沟瓦入 E04D 1/30；沟槽板入 E04D 3/40；街道排水井入 E03F 5/04）［1，2006.01］
E04D 13/064	··排水沟［6，2006.01］
E04D 13/068	···用于将排水沟部件连接起来的装置［6，2006.01］
E04D 13/072	···悬挂装置（与用来将排水沟部件连接起来的装置联用入 E04D 13/068）［6，2006.01］
E04D 13/076	··可用来清除排水沟内的雪、冰或残渣或防止其在排水沟内的堆积的设施或布置［6，2006.01］
E04D 13/08	··落水管；所用夹紧设施（一般管道的夹具入 F16B，F16L）［1，2006.01］
E04D 13/10	·集雪器［1，2006.01］
E04D 13/12	·可用以在屋顶上或沟槽内行走的设施或布置［1，2006.01］
E04D 13/14	·屋顶板与烟囱或与其他屋顶上伸出部分的连接［1，2006.01］

E04D 13/143 · · 用通风装置 [6, 2006.01]

E04D 13/147 · · 专门适用于坡屋顶 [6, 2006.01]

E04D 13/15 · 镶边条；边条；封檐底板（E04D 13/14 优先）[1, 6, 2006.01]

E04D 13/152 · · 用通风装置 [6, 2006.01]

E04D 13/155 · · 支持屋面板 [6, 2006.01]

E04D 13/158 · · 覆盖飞檐，例如，挑檐平顶板或两山头屋顶的檐瓦 [6, 2006.01]

E04D 13/16 · 与屋面覆盖层的隔绝设施（维护建筑结构干燥的一般方法入 E04B 1/70；在特殊气候下用的建筑物入 E04H 9/16）[1, 6, 2006.01]

E04D 13/17 · 其他位置不包括的屋面覆盖层的通风设施（房间或空间的通风设施入 F24F）[6, 2006.01]

E04D 13/18 · 能量收集装置的屋面覆盖物，例如，包括太阳能收集板（集成在屋顶结构上的太阳能集热器入 F24S20/67）[4, 2006.01, 2014.01, 2018.01]

E04D 15/00 屋顶工程用的设备或工具 [1, 2006.01]

E04D 15/02 · 用于由瓦、木板或类似屋面构件组成的屋面覆盖层 [1, 2006.01]

E04D 15/04 · 用于由平板、薄板或柔性材料组成的屋面覆盖层 [1, 2006.01]

E04D 15/06 · 用于处理成卷材料的屋面或铺筑 [1, 2006.01]

E04D 15/07 · 用于处理松散材料的屋面或铺筑 [1, 2006.01]

E04F 建筑物的装修工程，例如，楼梯、楼面（窗、门入 E06B）

小类索引

遮阳，天篷 ································· 10/00
楼梯 ··· 11/00
墙面、顶棚或楼面的覆盖或修饰 ······ 13/00, 15/00, 19/00
管道或沟槽 ································ 17/00
器具 ··· 21/00
其他装修细部构件 ······················· 19/00

E04F 10/00 遮阳；天篷（龛室入 A45B, A45F, E04H；拖车顶篷入 E04H 15/08；帐篷用入 E04H 15/58）[1, 2006.01]

E04F 10/02 · 用柔性雨棚材料制作，例如，帆布篷 [1, 2006.01]

E04F 10/04 · · 将材料固定在可折叠的框架的各段上 [1, 2006.01]

E04F 10/06 · · 包括卷辊遮帘并带有可将其末端支出房屋的装置 [1, 2006.01]

E04F 10/08 · 由许多相似的刚性部件组成，例如，平板、薄层板（有黏合表面的固定安装的遮阳屋顶入 E04B 7/00）[1, 2006.01]

E04F 10/10 · · 折叠式 [1, 2006.01]

E04F 11/00 楼梯、斜坡道或类似结构（楼梯的划线与安装入 E04F 21/26；用于临时性结构入 E04G 27/00）；栏杆柱；扶手（永久性地安装在固定结构上的爬梯入 E06C 9/00）[1, 2006.01]

E04F 11/02 · 楼梯；楼梯的设计 [1, 2006.01]

E04F 11/022 · · 其特征在于支承结构 [6, 2006.01]

E04F 11/025 · · · 有楼梯斜梁的楼梯 [6, 2006.01]

E04F 11/028 · · · · 有中心斜梁 [6, 2006.01]

E04F 11/032 · · · · 由中心柱支撑的螺旋楼梯 [6, 2006.01]

E04F 11/035	···无需另外的支撑而由多个标准部件装配成的楼梯[6,2006.01]		E04F 13/04	··灰泥的底层（能粘住灰泥的副顶棚入E04B 9/06）[1,2006.01]
E04F 11/038	····每个标准部件有承重扶手部件[6,2006.01]		E04F 13/06	···保护边缘的缘饰[1,2006.01]
E04F 11/04	··移动式楼梯，例如，能够或不能够隐蔽或伸缩的阁楼爬梯（船用爬梯入B63B；飞机用的梯子入B64F；自动扶梯或自动走道入B66B）[1,2006.01]		E04F 13/07	·由覆盖或衬里构件构成；所用副结构；所用固定装置[1,2006.01]
			E04F 13/072	··由专门适用的、结构化的或成形的覆盖或衬里构件构成[1,2006.01]
E04F 11/06	···活动式，例如，折叠式、伸缩式[1,2006.01]		E04F 13/073	···用于特殊的建筑部分，例如，拐角或圆柱[1,2006.01]
E04F 11/09	··踏板和竖板单元[6,2006.01]		E04F 13/074	···用于便利设施安装或公共线路，例如，供热管道、电线、照明设施或检修[1,2006.01]
E04F 11/104	··踏板（E04F 11/09优先）[6,2006.01]			
E04F 11/108	···木制[6,2006.01]		E04F 13/075	···用于隔绝或表面保护，例如，防噪声或碰撞[1,2006.01]
E04F 11/112	···金属[6,2006.01]			
E04F 11/116	···由石料、混凝土或类似材料制成[6,2006.01]		E04F 13/076	···以相邻构件的连接为特点，例如，带有连接填料或带有舌榫或凹槽连接[1,2006.01]
E04F 11/16	···其表面；对边缘或角部的保护措施（以松散的方式放置的覆盖物入A47G 27/00）[1,2006.01]		E04F 13/077	···由多层构成，例如，有夹层的面板（E04F 13/075优先）[1,2006.01]
E04F 11/17	····表面[6,2006.01]		E04F 13/078	···附着有边缘扣紧装置的平展的金属箔片的或网状的构件[1,2006.01]
E04F 11/18	·栏杆柱；扶手（船上的防护栏杆入B63B；桥上用入E01D 19/10；道路用入E01F 13/00，E01F 15/00；围栏入E04H 17/00）[1,2006.01]		E04F 13/08	··由多个相似的覆盖或衬里构件构成（E04F 13/072优先；缘饰、踢脚板入E04F 19/02）[1,2006.01]
E04F 13/00	覆盖或衬里，例如，墙或顶棚用（楼面入E04F 15/00；表面装饰、马赛克的镶拼入B44，例如，贴墙纸入B44C 7/00；用编织品制作，例如，用纤维制品或墙纸制作入D03D，D04G，D04H，D06N，D21H；顶棚构造入E04B 9/00；防雨雪的屋面或类似防水性覆盖层入E04D）[1,3,2006.01]		E04F 13/09	···由附装到一个共同的网、支承板或栅格上的构件构成

附注［2006.01］

E04F 13/09小组优先于E04F 13/10至E04F 13/18各小组。

E04F 13/10	···木制[1,2006.01]
E04F 13/12	···金属[1,2006.01]
E04F 13/14	···石质或石类材料，例如，陶瓷；玻璃[1,2006.01]
E04F 13/02	·用施加后硬化的塑性物质制作，例如，灰浆（油漆工程中的表面处理入B44D；无机或沥青集合材料入C04B；有机塑料入C08L）[1,2006.01]	E04F 13/15	····以玻璃构件的使用为特点[1,2006.01]
		E04F 13/16	····纤维的或碎屑，例如，用合成

E04F

		树脂黏结 [1,2006.01]
E04F 13/18	· · ·	用加有或不加加强件或填充材料的有机塑料制成（用塑料黏结的纤维或碎屑制成入 E04F 13/16）[1,2006.01]
E04F 13/21	· ·	专门适用于覆盖或衬里构件的紧固措施 [2006.01]
E04F 13/22	· · ·	锚固，支撑角材或支柱架 [2006.01]
E04F 13/23	· · · ·	可调整 [2006.01]
E04F 13/24	· · ·	在覆盖或衬里构件背面隐藏的紧固装置（E04F 13/30 优先）[2006.01]
E04F 13/25	· · · ·	可调整 [2006.01]
E04F 13/26	· · ·	边缘吻合的紧固装置，例如，夹钳、夹子或边界型面 [2006.01]
E04F 13/28	· · · ·	可调整 [2006.01]
E04F 13/30	· · ·	磁性紧固装置 [2006.01]
E04F 15/00		楼面（楼梯踏板入 E04F 11/104；不专门用于楼面的覆盖层入 E04F 13/00；缘饰、踢脚板入 E04F 19/02；鞋底刮泥格栅入 A47L 23/24；用类似筑路材料制作入 E01C；基地板或毛地板入 E04B 5/00）[1,6,2006.01]
E04F 15/02	·	由若干类似构件组成的地面或地板层（用编织品制作入 E04F 15/16）[1,2006.01]
E04F 15/022	· ·	铺在不能卷起的其他材料，例如，木板、混凝土、软木上的镶木地板 [2,2006.01]
E04F 15/024	· ·	局部的活动地板，例如，计算机房用的地板 [1,2006.01]
E04F 15/04	· ·	全部用木料制作，例如，用木制的连接件（可以卷起来的镶木地板入 E04F 15/16）[1,2006.01]
E04F 15/06	· ·	用金属制作，与或不与其他材料相结合（作建筑构件的格栅入 E04C 2/42）[1,2006.01]
E04F 15/08	· ·	只用石料或其他石类材料制作，例如，混凝土、玻璃 [1,2006.01]
E04F 15/10	· ·	用其他材料制作的，例如，纤维或碎屑材料、有机胶质材料、菱苦土、高压板 [1,2006.01]
E04F 15/12	·	用集合材料现场制作的地面或地板层，例如，无缝菱苦土地板、水磨石地板（无机或沥青集合材料入 C04B；有机胶质集合材料入 C08L）[1,2006.01]
E04F 15/14	· ·	接缝构造，例如，分格条（不限于楼板接缝的密封入 E04B 1/68）[1,2006.01]
E04F 15/16	·	铺地面，例如，在柔性编织物上的镶木地板，作为柔性编织物来放置；专门用作铺地面材料的编织物（弹性地板，例如，弹簧地板入 E04F 15/22；漆布入 D06N）[1,2006.01]
E04F 15/18	·	单独铺设的隔绝层；其他补充的隔绝措施；可变地板（一般的建筑物隔绝入 E04B 1/62）[1,2006.01]
E04F 15/20	· ·	隔音用 [1,2006.01]
E04F 15/22	·	弹性地板，例如，弹簧地板（铺设的编织物入 E04F 15/16）[1,2,2006.01]
E04F 17/00		竖向管道；通道，例如，排水管用（一般管道入 F16L；管道系统入 F17D）[1,2006.01]
E04F 17/02	·	排除废气用，例如，烟气（独立式的烟囱入 E04H 12/28；壁炉和烟囱之间的连接、烟囱附件、烟囱清扫口的盖入 F23J；烟囱顶入 F23L）；所专用的建筑构件，例如，异形砖或成套的异形砖 [1,2006.01]
E04F 17/04	·	风管或风道 [1,2006.01]
E04F 17/06	·	采光井，例如，供地下室用 [1,2006.01]
E04F 17/08	·	装纳公用管线用，例如，电缆、管道（供进入管道或沟槽的盖、检查孔的盖入 E04F 19/08）[1,6,2006.01]

E04F 17/10	·用于在建筑物内处理垃圾的设备（垃圾箱，垃圾的收集或清除入B65F）[1,2006.01]			器具[1,2006.01]
		E04F 21/08	···机械器具（E04F 21/14 优先；一般的喷涂设备入B05B；喷砂入B24C）[1,2006.01]
E04F 17/12	··斜槽[1,2006.01]	E04F 21/10	···离心作用[1,2006.01]
E04F 19/00	**建筑物装修用的其他细部构件或构件**（梯子，例如，登高用的铁爬梯入E06C 9/04）[1,2006.01]	E04F 21/12	···通过气压作用，例如，蒸汽压力[1,2006.01]
		E04F 21/14	···在井筒内使用，例如，在烟道中[1,2006.01]
E04F 19/02	·缘饰；装修条，例如，串珠状缘饰、浅凹圆槽（保护粉饰的边缘用的入E04F 13/06）[1,2006.01]	E04F 21/16	··粉饰或类似物的后处理器具，例如，光面工具、成型镘刀[1,2006.01]
E04F 19/04	··用于地板与墙或顶棚与墙之间，例如，踢脚板[1,2006.01]	E04F 21/165	··用于接缝修整，例如，刮缝或填缝工具、抹缝镘（砌砖工具入E04G 21/16；修理，例如，填缝用入E04G 23/02）[3,2006.01]
E04F 19/06	··专门作为固定镶板用[1,2006.01]		
E04F 19/08	·壁内碗橱；壁龛的掩蔽物；设备检查孔的盖（烟道出灰门入F23J）[1,2006.01]	E04F 21/18	·安放墙或顶棚的平板（用于铺马赛克的工具入B44C）[1,2006.01]
		E04F 21/20	·铺地板用（用类似铺路的材料制成入E01C）[1,2006.01]
E04F 19/10	·嵌置在地板上的格栅，例如，鞋底刮泥器[1,2006.01]	E04F 21/22	··铺由单个构件构成的地板，例如，铺地板的夹具[1,2006.01]
E04F 21/00	**建筑装修工程用的器具**（用于加工和处理石料或石类材料制成的建筑构件入B28D）[1,2006.01]	E04F 21/24	··修整现场浇筑集合材料的器具，例如，光面工具[1,2006.01]
E04F 21/02	·用于在表面施加增塑集合材料，例如，粉刷墙壁（专门用来铺设地面入E04F 21/20；一般对表面施加液体或其他流动性材料入B05；装饰艺术入B44）[1,2006.01]	E04F 21/26	·安装楼梯，例如，阶梯划线的工具[1,2006.01]
		E04F 21/28	·镶玻璃（玻璃切割器入C03B 33/10）[1,2006.01]
E04F 21/04	··模板或样板；填缝直尺[1,2006.01]	E04F 21/30	·油灰挤出器或油灰枪[1,2006.01]
E04F 21/05	···填缝直尺的支承物[1,2006.01]	E04F 21/32	·油灰刀；油灰刮除器[1,2006.01]
E04F 21/06	··喷涂砂浆、隔绝材料或类似物的		

E04G 脚手架、模壳；模板；施工用具或辅助设备，或其应用；建筑材料的现场处理；原有建筑物的修理、拆除或其他工作

附注

在此小类中，下列用词的含义为：
- "脚手架"包括类似用途的其他支架。

小类索引

脚手架
  支在地上的脚手架；由建筑物支承 ················· 1/00；3/00
  零部件或附件；配合构件 ················· 5/00；7/00
工作架，模壳或模板
  一般用途 ················· 9/00
  专门用途 ················· 11/00，13/00，15/00
  连接件，辅助件 ················· 17/00
  辅助处理 ················· 19/00
其他用具或附件
  通行用的临时设施 ················· 27/00
  材料的制备或运送 ················· 21/00
  支撑柱 ················· 25/00
  对现有建筑物的施工措施 ················· 23/00

施工人员用的脚手架或安全脚手架

E04G 1/00 主要支在地上的脚手架 [1,2006.01]

E04G 1/02 · 主要由在一个方向延长的构件组成，例如，杆、格构式桅杆，可带或不带特殊形状端头部件，用任何器件连接在一起 [1,2006.01]

E04G 1/04 · · 构件全部为支撑杆、拉杆、横梁或具有类似形状和简单截面的其他构件 [1,2006.01]

E04G 1/06 · · · 由带或不带单独连接件的杆状或管形部分在端头相互连接而成的构件组成 [1,2006.01]

E04G 1/08 · · · 由螺栓或类似穿透杆件的连接件固定在一起 [1,2006.01]

E04G 1/10 · · · · 木结构 [1,2006.01]

E04G 1/12 · · 由具有特殊断面，例如，组合断面的构件，或由带有用于支承或固定其他构件的凸缘之类的部分或侧向孔的构件组成 [1,2006.01]

E04G 1/14 · 主要由预装配二维框架式构件组成，例如，用带或不带支撑的L形或H形构件组成（E04G 1/15 优先）[1,2006.01]

E04G 1/15 · 主要由能支承或形成工作台的专用构件组成（E04G 1/20 优先）；平台（所用板或厚板条入 E04G 5/08）[1,2006.01]

E04G 1/17 · 主要由预装配三维构件组成，例如，立方构件 [1,2006.01]

E04G 1/18 · 高度可以调整 [1,2006.01]

E04G 1/20 · · 用竖杆和沿长度方向在不同位置上

	支撑交叉构件或平台的设施组成的脚手架［1,2006.01］			手架［2006.01］
E04G 1/22	··具有在可伸展副结构上（例如，伸缩式的或带有惰钳机构）的平台的脚手架［1,2006.01］	E04G 3/30	··用柔性支撑构件，例如，缆绳悬挂［2006.01］
		E04G 3/32	···提升装置；安全装置［2006.01］
		E04G 3/34	··以设置在房顶上的支撑结构为特征［2006.01］
E04G 1/24	·基本上由专用基座结构组成的脚手架；基本上由与地衔接的特殊部件，例如，斜支柱、轮子组成的脚手架（零部件入E04G 5/00）［1,2006.01］	**E04G 5/00**	**脚手架的组件或附件**（连接入E04G 7/00）［1,2006.01］
		E04G 5/02	·脚手架的支脚，例如，带有调整装置［1,2006.01］
E04G 1/28	·仅在不高处施工用的脚手架［1,2006.01］	E04G 5/04	·固定、支撑或连接脚手架到建筑物结构上或侧边的装置（一般的固定措施入F16B）［1,2006.01］
E04G 1/30	··梯式脚手架［1,2006.01］		
E04G 1/32	··其他独立式支撑，例如，栈架（一般台架或栈架入F16M 11/00）［1,2006.01］	E04G 5/06	·支柱；托架［1,2006.01］
		E04G 5/08	·脚手板或厚板条［1,2006.01］
E04G 1/34	·能折叠成棱柱形或扁平形或能折下的脚手架结构［1,2006.01］	E04G 5/10	·专门适用于脚手架的台阶或梯子［2006.01］
E04G 1/36	·建筑物的特殊部分或特殊形状建筑物用的脚手架，例如，楼梯、钟形屋顶、圆屋顶用的脚手架［1,2006.01］	E04G 5/12	·遮篷［2006.01］
		E04G 5/14	·栏杆［2006.01］
		E04G 5/16	·支杆或加强杆，例如，斜支杆［2006.01］
E04G 1/38	·部分由建筑物支撑的脚手架（可以附接在结构上的梯子入E06C 1/34）［2006.01］	**E04G 7/00**	**脚手架构件之间的连接**（用于一般建筑结构入E04B 1/38；一般的连接入F16B）［1,2006.01］
E04G 3/00	**主要由房屋结构支承的脚手架，例如，高度可调节**（E04G 1/00优先）［1,2006.01］	E04G 7/02	·带有单独连接件［1,2006.01］
		E04G 7/04	··用带或不带托架的柔性构件，例如，绳索、缆绳、链条（一般的入F16G）［1,2006.01］
E04G 3/18	·由悬臂或其他安装在建筑物开口，例如，窗洞的设施支撑（E04G 3/28优先）［2006.01］		
E04G 3/20	·由墙壁支撑（E04G 3/28优先；用于支撑脚手架的墙锚入E04G 5/04；支柱入E04G 5/06）［2006.01］	E04G 7/06	··连接普通形状脚手架构件的刚性夹具［1,2006.01］
		E04G 7/08	···连接平行排列构件的夹具［1,2006.01］
E04G 3/22	·由房顶或天花板支撑（E04G 3/28优先）［2006.01］	E04G 7/10	····自紧式夹具，例如，卡箍［1,2006.01］
E04G 3/24	·专门适用于建筑物的特殊部分或适用于特殊形状的建筑物，例如，烟囱或路标塔（E04G 3/28优先）［2006.01］	E04G 7/12	···用于交叉构件的夹具（E04G 7/22优先）［1,2006.01］
		E04G 7/14	····独立地夹紧构件用［1,2006.01］
E04G 3/26	··专门适用于在房顶作业［2006.01］	E04G 7/16	····其中用于不同构件的夹紧
E04G 3/28	·可移动的脚手架；带有可动平台的脚		

— 55 —

	部件可以在它们之间转动 [1,2006.01]
E04G 7/18	····用于把相互靠紧的构件或在其中间隔有软垫的构件夹住 [1,2006.01]
E04G 7/20	···仅用于连接构件端头的夹具，例如，对接用 [1,2006.01]
E04G 7/22	···用于端对侧面的连接件 [1,2006.01]
E04G 7/24	···由 E04G 7/08、E04G 7/12、E04G 7/20、E04G 7/22 中不止一个组所包括的混合连接件 [1,2006.01]
E04G 7/26	··用于特殊形状脚手架构件的连接件 [1,2006.01]
E04G 7/28	··固定脚手板用的夹钳或连接件（托架入 E04G 5/06）[1,2006.01]
E04G 7/30	·带有不能拆下的连接件的脚手架杆件或构件 [1,2006.01]
E04G 7/32	··带有使用楔子的联结器构件 [1,2006.01]
E04G 7/34	··带有刚性连接构件的，例如，钩子或销 [1,2006.01]

用于在现场建筑部件成型的工作架、模壳或模板 [5]

E04G 9/00	一般用途的模壳或模板构件 [1,2006.01]
E04G 9/02	·模板或类似构件（E04G 9/08，E04G 9/10 优先）[1,2006.01]
E04G 9/04	··木表面模壳 [1,2,2006.01]
E04G 9/05	··塑料表面模壳 [2,2006.01]
E04G 9/06	··金属表面模壳 [1,2,2006.01]
E04G 9/08	·可折叠的、可拆卸的或可卷起的模板或类似构件 [1,2006.01]
E04G 9/10	·具有附加特点，例如，表面压力加工、保温或加热、透水或透气 [1,2006.01]
E04G 11/00	用以制作墙、楼板、顶棚或屋顶用的模壳、模板或工作架 [1,2006.01]
E04G 11/02	·用于整个房间、整个楼层或整个建筑物 [1,2006.01]
E04G 11/04	·用于球形、椭圆形或类似形状的结构，或用于水平或垂直截面具有圆形或多角形的圆顶结构；充气式模壳（为弹性体充气的阀的连接入 B60C 29/00）[1,2006.01]
E04G 11/06	·用于墙体，例如，弧形墙（E04G 11/04 优先）[1,2006.01]
E04G 11/08	·混凝土凝固后全部拆除，待下次浇灌时再重新拼装的模壳（模壳的连接或支撑措施入 E04G 17/00）[1,2006.01]
E04G 11/10	··用无梁构件制成（E04G 11/18 优先）[1,2006.01]
E04G 11/12	··用构件和梁制成（E04G 11/18 优先）[1,2006.01]
E04G 11/14	···梁布置在构件之间并与之对直 [1,2006.01]
E04G 11/16	···梁放在墙内 [1,2006.01]
E04G 11/18	··双层墙用 [1,2006.01]
E04G 11/20	·移动式模壳；圆筒形、圆锥形或双曲形结构成型用的移动式模壳；供砌砖或类似物件定位用的样板（E04G 11/04 优先）[1,2006.01]
E04G 11/22	··连续地或逐段地提升并在提升过程中与已浇灌的混凝土相接触的滑动模壳；所用提升设备的布置 [1,2006.01]
E04G 11/24	···滑动模壳用的提升千斤顶或爬升杆件的构造（一般的爬升式起重设备入 B66F）[1,2006.01]
E04G 11/26	···其衬板由条板、环带式跳板或类似件组成，由驱动滚子导向 [1,2006.01]
E04G 11/28	··爬升模壳，即要逐层提升过程中不与已浇灌的混凝土相接触的模壳 [1,2006.01]
E04G 11/30	···通过在水平轴上作转动、倾

	斜或类似运动而逐层提升[1,2006.01]	E04G 13/02	·用于柱子或类似的支柱,所专用的扣件或夹具[1,2006.01]
E04G 11/32	··用以现场直接制作整个或部分墙体的可倾斜的模壳或模板[1,2006.01]	E04G 13/04	·用于需要分别支设模板的门窗过梁、梁、横梁;所专用的扣件或夹具(用来装在墙上的构件,例如,托架入E04G 17/16)[1,2006.01]
E04G 11/34	··成块或分段制作墙壁用的水平移动式模壳(E04G 11/26优先)[1,2006.01]	E04G 13/06	·用于楼梯、台阶、飞檐、阳台或其他挑出到墙外的部分[1,2006.01]
E04G 11/36	·适用于楼板、顶棚、平面或曲面屋顶[1,2006.01]	E04G 15/00	制作洞口、空腔、长条切口或槽用的模壳或模板(墙模板的组成部件入E04G 11/06)[1,2006.01]
E04G 11/38	··用于混凝土平顶棚[1,2006.01]		
E04G 11/40	··用于井格或肋形顶棚[1,2006.01]	E04G 15/02	·窗、门或类似物用[1,2006.01]
E04G 11/42	···有金属梁或预制混凝土梁[1,2006.01]	E04G 15/04	·制作锚孔或类似物用的芯模[1,2006.01]
E04G 11/44	···具有兼作肋部永久性加强件的模板支承梁[1,2006.01]	E04G 15/06	·用于制作墙或楼板内的空腔或槽,例如,作烟囱用[1,2006.01]
E04G 11/46	··帽形或槽形模板,用于封闭肋部或两根肋之间的部分,或封闭一根肋及其相邻的平楼板或顶棚部分[1,2006.01]	E04G 17/00	模壳、工作架结构或模板用的连接件或其他附件[1,2006.01]
		E04G 17/02	·用于非金属成型构件或加劲构件的连接或固定设施[1,2006.01]
E04G 11/48	··楼板或屋顶的模板或框架用的支承结构(支撑入E04G 25/00)[1,2006.01]	E04G 17/04	·用于金属成型构件或加劲构件的连接或固定[1,2006.01]
E04G 11/50	···用作模壳支承构件的大梁、梁或类似物(用以附在墙上的构件,例如,支柱入E04G 17/16;用以构成结构之一部分的大梁入E04C 3/02)[1,2006.01]	E04G 17/06	·系结件;间隔件[1,2006.01]
		E04G 17/065	··系结设施,具有能使其紧固或抗拉的螺纹的受拉构件[5,2006.01]
		E04G 17/07	··系结设施,具有用楔形部件使其紧固或抗拉的受拉构件[5,2006.01]
E04G 11/52	····由若干依次联结的单元组成的[1,2006.01]	E04G 17/075	··系结设施,具有用其他方法来使其紧固或抗拉的受拉构件[5,2006.01]
E04G 11/54	····可延伸,带或不带可调节的支脚、鱼尾接合板或类似件[1,2006.01]	E04G 17/12	··带有与模壳连接的臂[1,2006.01]
		E04G 17/14	·墙板模用的支撑装置;校直模板用的装置(E04G 25/00优先)[1,2006.01]
E04G 11/56	·····伸缩式[1,2006.01]		
E04G 13/00	建筑物特殊部分用的脚手架、模壳或模板,例如,用于楼梯、台阶、檐口或阳台(用于制造建筑物预制构件或楼梯预制构件的型模入B28B 7/22)[1,2006.01]	E04G 17/16	·装在墙上的构件,例如,托架,用来支承装设有模壳或模板的梁、大梁或类似物,上述模壳或模板用于楼板、过梁或横档[1,2006.01]
		E04G 17/18	·把模板构件悬挂或锚固在平顶内大梁上用的装置,例如,托架[1,

E04G

2006.01]

E04G 19/00 模壳的辅助处理，例如，拆卸；清理用具（润滑组分入 C10M）[1,2006.01]

E04G 21/00 建筑材料或建筑构件现场的制备、搬运或加工；施工中采用的其他方法和设备（石类材料的加工入 B28D；一般运输入 B65G；提升设备入 B66；测量仪表入 G01）[1,2006.01]

E04G 21/02 · 混凝土或能装载或浇注成型的类似集合材料的输送或作业（一般的混凝土加工，例如，搅拌机入 B28C；混凝土的成分入 C04B；使用类似修筑道路或路面材料的地面的施工和表面处理入 E01C；与堰坝有关入 E02B 7/00；与基础有关入 E02D 15/00；与装修工程有关入 E04F）[1,2006.01]

E04G 21/04 · · 既能用于输送又能用于布配的设备（混凝土泵入 F04）[1,2006.01]

E04G 21/06 · · 混凝土的压实，例如，在硬化以前进行真空处理（用于筑路入 E01C 19/00；也能用于夯实土壤的设备入 E02D 3/02）[1,2006.01]

E04G 21/08 · · · 内部振捣器[1,2006.01]

E04G 21/10 · · 整平设备，例如，样板、找平板（光面工具入 E04F 21/16；E04F 21/24）[1,2006.01]

E04G 21/12 · 加强插入件的敷设；预应力（预应力构件用的包壳管入 E04C 5/10；锚定装置入 E04C 5/12；加强件和隔撑的连接入 E04C 5/16）[1,2006.01]

E04G 21/14 · 建筑构件的运输或装配（屋面工程入 E04D；装修工程入 E04F）[1,2006.01]

E04G 21/16 · · 工具或设备（修筑围栏用的设备入 E04H 17/26）[1,2006.01]

E04G 21/18 · · · 调整工具；样板[1,2006.01]

E04G 21/20 · · · 用于涂抹砂浆[1,2006.01]

E04G 21/22 · · · 用砂浆安置建筑构件的设备；例如，砌砖机[1,2006.01]

E04G 21/24 · 在施工过程中防止损坏建筑构件或装修件的安全或保护措施（作为脚手架的辅助结构入 E04G 5/00）[1,2006.01]

E04G 21/26 · · 墙体部分的支撑措施；支撑件或类似物，例如，用来将预制墙板紧固就位（E04G 25/00 优先；在现有建筑物上用入 E04G 23/04）[1,2006.01]

E04G 21/28 · · 用来防止不利气候影响[1,2006.01]

E04G 21/30 · · 防止机械损伤或沾污用，例如，楼梯的保护覆盖物[1,2006.01]

E04G 21/32 · 在建筑施工过程中对人员的安全或保护措施（涉及脚手架入 E04G 5/00；救生索或安全带入 A62B 1/16，A62B 35/00；爬高工具，例如，桅杆的爬登脚蹬入 A63B 27/00）[1,2006.01]

E04G 23/00 对现有建筑物的施工措施（在基础上入 E02D 35/00，E02D 37/00；与隔绝有关入 E04B；后续或装修工程入 E04F）[1,2006.01]

附注[5]

除了不在本组内的主题，对涉及类似建造新建筑物中使用的在现有建筑物上的施工措施的主题按类分入适当的施工组中。

E04G 23/02 · 修理，例如，填缝；修复；改建；扩建[1,2006.01]

E04G 23/03 · · 专门适用于屋顶，例如，配置阁楼[5,2006.01]

E04G 23/04 · 有危险或被损坏的房屋或建筑部分的加支撑，例如，与空袭有关（支撑入 E04G 25/00）[1,2006.01]

E04G 23/06 · 建筑物的脱离、提升、搬移；新下部结构的修筑[1,2006.01]

E04G 23/08 · 建筑物的拆除（拆除桥梁入 E01D 24/00）[1,2006.01]

E04G 25/00 支柱或支撑（专用于矿井入 E21D 15/00）；楔块[1,2006.01]

E04G 25/02 ·非伸缩式［**1,2006.01**］

E04G 25/04 ·伸缩式［**1,2006.01**］

E04G 25/06 ··具有用可靠的器件结合在一起的部件［**1,2006.01**］

E04G 25/08 ··具有通过摩擦或夹紧相互连接在一起的部件［**1,2006.01**］

E04G 27/00 能够使人员或车辆从一个高度到达另一个高度的临时性设施，例如，楼梯、坡道（作为脚手架的构件或附件入E04G 5/00；步桥舷梯入B63；升降机入B66；登陆桥入E01D 15/24；永久性楼梯或坡道入E04F 11/00；梯子入E06C）［**1,2006.01**］

E04H 专门用途的建筑物或类似的结构物；游泳或喷水浴槽或池；桅杆；围栏；一般帐篷或天篷（基础入E02D）［4］

附注［4］

1. 本小类<u>包括</u>：
   - 主要是涉及建筑物的整体布局；
   - 在各组中所指明的建筑物类型或专用建筑物所特有的细部构件；
   - 一般天篷和构造上与帐篷相类似的天篷。
2. 本小类<u>不包括</u>具有特殊用途的天篷，这样的天篷由有关的分类包括，例如，防天气变化的保护椅入A47C 7/66，床帐入A47C 29/00，建筑物的遮阳或遮篷入E04F 10/00。
3. 在本小类中，下列用词的含义为：
   - "建筑物"不包括工业结构物和其他构筑物；
   - "帐篷"指的是具有支撑装置的帐篷或天篷，例如，具有支架和一个柔性的盖。

小类索引

建筑物
  用作住宅或办公目的 ………………………………………………………………… 1/00
  公共建筑物 …………………………………………………………………………… 3/00
  工业或农业用；停车用 …………………………………………………… 5/00；6/00
游泳或喷水浴槽或池 ………………………………………………………………………… 4/00
容器 …………………………………………………………………………………………… 7/00
提供特别保护的建筑物 ……………………………………………………………………… 9/00
塔，桅杆，烟囱体 …………………………………………………………………………… 12/00
纪念碑，坟墓 ………………………………………………………………………………… 13/00
综合不同用途的建筑物、能驱车入内的建筑物 …………………………………………… 14/00
帐篷，天篷 …………………………………………………………………………………… 15/00
围栏，围墙，畜栏 …………………………………………………………………………… 17/00

E04H 1/00 住宅或办公用的建筑或建筑群；总体布置，例如，模数协调、交错楼层（E04H 3/00优先）［**1,2006.01**］

E04H 1/02 ·住宅；临时住房（用于特别业务的小

E04H

	型建筑入 E04H 1/12）[1,2006.01]
E04H 1/04	··两层或更多层的公寓住宅［1，2006.01]
E04H 1/06	·办公建筑物；银行（E04H 1/12 优先）[1,2006.01]
E04H 1/12	·在建筑物内或室外修建的用于特别业务的小建筑物或其他建筑，例如，商亭、候车棚或加油站凉篷、火车站月台顶篷、岗亭或更衣室［1,2006.01]
E04H 1/14	··电话间［1,2006.01]
E04H 3/00	**公共的或类似用途的建筑物或建筑群；公共机构，例如，诊所或监狱［1，2006.01]**
E04H 3/02	·旅馆、汽车旅店、咖啡馆、餐厅、商店、百货公司［1,2006.01]
E04H 3/04	··自助餐厅或商店［1,2006.01]
E04H 3/06	·博物馆、图书馆建筑物［1,2006.01]
E04H 3/08	·医院、诊所或类似建筑物；学校；监狱［1,2006.01]
E04H 3/10	·供集会、娱乐或体育用［1,2006.01]
E04H 3/12	··讲台、看台或为观众设的平台［1,2,2006.01]
E04H 3/14	··体育馆；其他体育建筑物［1,2006.01]
E04H 3/16	···游泳用［1,5,2006.01]
E04H 3/22	··剧院、音乐厅；扩音室、电影摄影棚、电视摄影棚或类似建筑［1,2,2006.01]
E04H 3/24	···舞台的结构特征［1,2006.01]
E04H 3/26	····转台；能下降的舞台［1,2006.01]
E04H 3/28	····可移动的平台或轻便平台［1,2006.01]
E04H 3/30	···大礼堂的结构特征［1,2006.01]
E04H 4/00	**游泳或喷水浴槽或池［5,2006.01]**
E04H 4/02	·现场形成［5,2006.01]
E04H 4/04	·预制或预制构件组合成［5,2006.01]
E04H 4/06	·安全设施；浴槽的遮盖［5,2006.01]
E04H 4/08	··由刚性构件组成的遮盖［5,2006.01]
E04H 4/10	··由柔性构件组成的遮盖［5,2006.01]
E04H 4/12	·循环水的设施或设备［5,2006.01]
E04H 4/14	·其他位置不包括的部件、细部构件或附件［5,2006.01]
E04H 4/16	··专用于清洗［5,2006.01]
E04H 5/00	**工业或农业用的建筑或建筑群［1，2006.01]**
E04H 5/02	·工业建筑物或建筑群，例如，发电站、工厂（构成冷冻厂一部分的建筑物入 E04H 5/10）[1,2006.01]
E04H 5/04	··变电室、站或配电室［1,5,2006.01]
E04H 5/06	··检修坑或者用于进行检查或维护的建筑结构［1,2006.01]
E04H 5/08	·农业用建筑物或建筑群（粮仓入 E04H 7/22）[1,2006.01]
E04H 5/10	·构成冷冻厂一部分的建筑物［1,2006.01]
E04H 5/12	··冷却塔［1,2006.01]
E04H 6/00	**停放汽车、铁路车辆、飞机、船只或类似车辆的建筑物，例如，汽车库［1,2006.01]**
E04H 6/02	·小型车库，例如，存放一两辆汽车用（由车辆支承的或与车辆相连入 B62D）[1,2006.01]
E04H 6/04	··轮式、铰接式、折叠式、伸缩式、回转式或其他可以移动的车库［1,2006.01]
E04H 6/06	··具有移动或提升车辆用的设备［1,2006.01]
E04H 6/08	·存放多辆车的车库［1,2006.01]
E04H 6/10	··没有用来移动或提升车辆的机械设备，例如，具有螺旋形固定坡道、具有移动式坡道［1,2006.01]
E04H 6/12	··具有用于移动或提升车辆的机械设备［1,2006.01]
E04H 6/14	···具有带垂直运动承载部件的环带式运输链，例如，带链式升

	降机 [1,2006.01]
E04H 6/16	··可围绕水平轴转动的轮形或鼓形车库 [1,2006.01]
E04H 6/18	··具有只作垂直方向的运送或分别作水平或垂直方向的运送的设备（E04H 6/14 优先）[1,2006.01]
E04H 6/20	···以采用运输链或旋转式滚轴进行水平运送为特征 [1,2006.01]
E04H 6/22	···以采用可移动的平台进行水平运送为特征 [1,2006.01]
E04H 6/24	···以采用台车进行水平运送为特征 [1,2006.01]
E04H 6/26	···以采用可倾斜的楼板或楼板部件为特征；以采用可移动的坡道为特征 [1,2006.01]
E04H 6/28	···以采用转车台或转盘进行水平运送为特征 [1,2006.01]
E04H 6/30	··具有只能进行水平运送的设备 [1,2006.01]
E04H 6/32	···以采用运输链或旋转式滚轴为特征 [1,2006.01]
E04H 6/34	···以采用移动式平台为特征 [1,2006.01]
E04H 6/36	···以采用可自由运动的独轮台车为特征 [1,2006.01]
E04H 6/38	···以采用可倾斜楼板或楼板部件为特征 [1,2006.01]
E04H 6/40	···以采用转车台或转盘为特征 [1,2006.01]
E04H 6/42	·其他类所不包括的车库专用设备或用具，例如，稳固装置、安全装置 [1,2006.01]
E04H 6/44	·停放飞机 [1,2006.01]
E04H 7/00	**现场或非现场采用土木工程技术进行大容量散装材料贮库的施工或安装（塔类入 E04H 12/00；贮存库的有关方面，例如，浮式顶盖、密封方法、装卸方法入 B65D，B65G，F17B，F17C；基础入 E02D 27/38）[1,2,2006.01]**
E04H 7/02	·液体或气体容器，所用支撑 [1,2,2006.01]
E04H 7/04	··主要用金属建造 [1,2006.01]
E04H 7/06	···具有立轴 [1,2006.01]
E04H 7/14	···球形 [1,2006.01]
E04H 7/16	···具有水平轴 [1,2006.01]
E04H 7/18	··主要用混凝土建造，例如，用钢筋混凝土或其他石类材料 [1,2006.01]
E04H 7/20	···预应力结构 [1,2006.01]
E04H 7/22	·可流动固体颗粒用的容器，例如，筒仓或料斗仓；所用支撑 [1,2,2006.01]
E04H 7/24	··根据所用特殊材料，带或不带穿孔墙的结构 [1,2006.01]
E04H 7/26	···主要用混凝土建造，例如，用钢筋混凝土或其他石类材料建造 [1,2006.01]
E04H 7/28	····由特殊建筑构件组合 [1,2006.01]
E04H 7/30	···主要用金属建造 [1,2006.01]
E04H 7/32	···主要用木料建造 [1,2006.01]
E04H 9/00	**能经受或保护不受外来异常的影响，例如，战争、地震、异常气候影响的建筑物或建筑群或掩蔽所 [1,2006.01]**
E04H 9/02	·抗地震或防地面下陷（基础入 E02D 27/34）[1,2006.01]
E04H 9/04	·防空袭或其他战争行动 [1,2006.01]
E04H 9/06	··建在建筑物内或构成建筑物一部分的结构 [1,2006.01]
E04H 9/08	···建在建筑物下面的结构，例如，防空掩蔽所 [1,2006.01]
E04H 9/10	··单独的掩蔽所；单独防弹片墙的布置 [1,2006.01]
E04H 9/12	···完全位于地面之下，例如，防空坑道 [1,2006.01]

E04H 9/14	·防其他危险性影响用，例如，防飓风、洪水用［1,2006.01］			物［1,2006.01］
E04H 9/16	·防其他有害情况用，例如，防异常气候、传染病用［1,2006.01］	E04H 15/00	一般的帐篷或天篷［4,2006.01］
		E04H 15/02	·与其他装置相结合或以特殊方式相连的帐篷［4,2006.01］
E04H 12/00	塔；桅杆，柱；烟囱；水塔；架设这些结构的方法（冷却塔入E04H 5/12；油井钻塔入E21B 15/00）［1,6,2006.01］	E04H 15/04	·悬挂式，例如，从树上或从悬臂支承物上悬挂［4,2006.01］
		E04H 15/06	·至少部分由车辆支承的帐篷［4,2006.01］
E04H 12/02	·用特殊材料制作的结构［1,2006.01］	E04H 15/08	··拖车顶篷或类似物［4,2006.01］
E04H 12/04	··木制［1,2006.01］	E04H 15/10	·供暖、照明或通风［4,2006.01］
E04H 12/06	···桁架式结构［1,2006.01］	E04H 15/12	··供暖［4,2006.01］
E04H 12/08	··金属制［1,2006.01］	E04H 15/14	··通风［4,2006.01］
E04H 12/10	···桁架式结构［1,2006.01］	E04H 15/16	···帐篷顶［4,2006.01］
E04H 12/12	··用混凝土或其他石类材料制成，可有或没有内部或外部加强件，例如，具有金属覆盖物、具有永久性模壳构件［1,2006.01］	E04H 15/18	·有多个分段的覆盖物的帐篷，例如，四角帐篷、拱顶帐篷、大帐幕、竞技场帐篷（可充气入E04H 15/20）；复合帐篷，例如，标准型［4,2006.01］
E04H 12/14	···桁架式结构［1,2006.01］	E04H 15/20	·可充气，例如，用液压成型、强化或支撑［4,2006.01］
E04H 12/16	·预应力结构［1,2006.01］		
E04H 12/18	·可移动的或带有可移动部件，例如，转动式或伸缩式［1,2006.01］	E04H 15/22	··由帐篷内的空气压力支承［4,2006.01］
E04H 12/20	·所用侧面支撑方法，例如，用牵索或斜撑［1,2006.01］	E04H 15/24	·圆锥形，例如，北美印第安人的圆锥形帐篷［4,2006.01］
E04H 12/22	·柱或杆的底座或支持物［1,2006.01］	E04H 15/26	·用中心杆支承的帐篷（伞型的入E04H 15/28）［4,2006.01］
E04H 12/24	·横撑［1,2006.01］		
E04H 12/26	·矿区用的卷扬机塔［1,2006.01］	E04H 15/28	·伞型帐篷［4,2006.01］
E04H 12/28	·烟囱体，例如，独立式或类似的导管（作为建筑一部分的烟道入E04F 17/02）［1,2006.01］	E04H 15/30	·可转换，例如，从一种型式的帐篷变成另一种型式的帐篷，由帐篷变成天篷，或由帐篷罩变成各种物品［4,2006.01］
E04H 12/30	·水塔［1,2006.01］		
E04H 12/32	·旗杆［1,2006.01］	E04H 15/32	·专门适用于帐篷的部件、组件、结构细部构件、附件、内部设备，例如，拉线设备、壁脚、门槛［4,2006.01］
E04H 12/34	·塔、桅杆、柱、烟囱或类似物的竖立或降低装置［1,6,2006.01］		
E04H 13/00	纪念碑；坟墓；墓室；骨灰安放室［1,2006.01］	E04H 15/34	··支撑设施，例如，框架［4,2006.01］
		E04H 15/36	···弓形型（E04H 15/42优先）［4,2006.01］
E04H 14/00	不包括在本小类1/00至13/00任何单一大组中的综合用途的建筑物，例如，双重用途的建筑物（E04H 3/02，E04H 9/06优先）；能驱车入内的建筑	E04H 15/38	····可扩张的，例如，可伸缩的［4,2006.01］

E04H 15/40	···可弯曲的 [4,2006.01]			（E04H 17/14 优先）[1,2006.01]
E04H 15/42	···外部型的，例如，框架在帐篷外面的 [4,2006.01]		E04H 17/04	··特征在于采用特制的铁丝，例如，有铁蒺藜的铁丝 [1,7,2006.01]
E04H 15/44	···可折叠的，例如，分解型的（E04H 15/42 优先）[4,2006.01]		E04H 17/06	··铁丝栅栏的部件 [1,2006.01]
E04H 15/46	····可伸缩并且可折叠的 [4,2006.01]		E04H 17/08	···其锚固方法，例如，打入地面的特种形状部件；支撑或类似物 [1,2006.01]
E04H 15/48	····可折叠的，即有枢轴或铰接设施的（E04H 15/46 优先）[4,2006.01]		E04H 17/10	···以铁丝与支柱的联结方式为特征的；挂钩 [1,2006.01]
E04H 15/50	·····惰钳型的 [4,2006.01]		E04H 17/12	···铁丝架在槽、切口或类似结构中 [1,2006.01]
E04H 15/52	·····平行四边形型的 [4,2006.01]		E04H 17/14	·用刚性构件制作的围栏，例如，具有附加的铁丝填充物或具有支柱 [1,2006.01]
E04H 15/54	··帐篷或天篷的盖 [4,2006.01]			
E04H 15/56	··地板 [4,2006.01]		E04H 17/16	··采用预制板状构件的，例如，铁丝框架 [1,2006.01]
E04H 15/58	··封闭物；遮篷；遮阳棚 [4,2006.01]		E04H 17/18	···畜栏或车栏，例如，便于迁移或拆除的栏栅 [1,2006.01]
E04H 15/60	··柱 [4,2006.01]		E04H 17/20	··其支柱 [1,2006.01]
E04H 15/62	··木钉，桩柱或类似物 [4,2006.01]		E04H 17/22	··其锚定器件，例如，打入地面下的特种形状构件；支撑或类似物 [1,2006.01]
E04H 15/64	··帐篷盖或天篷盖的固定 [4,2006.01]			
E04H 17/00	围栏的构筑，例如，围栏、围墙、畜栏（电网的专用设备入 A01K 3/00，H05C；便于通过围栏、障碍物或类似物的装置入 E06B 11/00）[1,2006.01]		E04H 17/24	··用于附加额外的铁丝到框架、支柱或栏杆上的连接 [1,2006.01]
			E04H 17/26	·装拆围栏的设备 [1,2006.01]
E04H 17/02	·铁丝栅栏，例如，由铁丝网制成的			

E05　锁；钥匙；门窗零件；保险箱

附注

本大类内，下列术语的含义为：

- "翼扇"是一个用于可回转、滑移或以其他方式移动的门或窗的通用术语。这一术语还包含可应用本大类包括的操纵、安装、闩扣或锁定器件的其他活动构件，如橱柜、柜盖、汽车行李箱罩、汽车引擎盖。
- "框架"是任何通过固接件用来固定翼扇的构件，它并不包括构成翼扇一部分的边框，但它可能就是另一个翼扇。
- "锁"是指用来松开或固定任何构件的器件，在松开时需要采用钥匙或转换机构。然而在 E05B 1/00 至 E05B 9/00，E05B 13/00 至 E05B 17/00，E05B 39/00 至 E05B 47/00，E05B 51/00，E05B 53/00，E05B 63/00 和 E05B 65/00 各组中，"锁"一词可包括其他的固接器件。
- "门闩"是指一个能滑动、转向或做其他动作的部件，例如一般安装在门上的，用以插入门框上使门保持关闭的一个固定件。这种部件能直接用手动或通过机械或用钥匙拨动；它可能是一个弹簧栓（见下条）。
- "弹簧栓"是指一种门闩，它在克服弹簧压力或其他回复力作用时会移动到释放位置。关闭时，当翼扇碰到门框不需要手动即可将翼扇关住，只有开启才需要用手扳动。
- "搭扣"是指一种铰接在框架或翼扇上的扣件，它可以转动到翼扇或框架的表面并扣在那里，例如，用旋扣、扣锁和钩锁。

E05B　锁；所用附件；手铐

附注 [2014.01]

1. 操纵或控制车辆翼扇的锁被分类入 E05B 77/00 组至 E05B 81/00 组。
2. 用于车辆翼扇上锁的球形把手、把手或按钮被分类入 E05B 79/00 组至 E05B 85/00 组。

小类索引

带有制动栓的锁
　　通过转动钥匙使其移动的 ············· 21/00，23/00，25/00
　　通过推进钥匙使其定位的 ················· 27/00 至 33/00
采用特殊钥匙或钥匙组开启的锁 ··············· 35/00
对号锁和密码锁 ··· 37/00，49/00
挂锁 ·· 67/00，37/00
具有指示器或计时器的锁 ····················· 39/00 至 45/00
具有弹簧栓装置的锁 ··························· 55/00 至 61/00
有其他特殊结构的锁 ·· 63/00
特殊用途的锁 ·································· 65/00，69/00 至 75/00
锁的操纵或控制 ······································ 47/00 至 53/00

锁或类似器件的部件或附件，钥匙
　　球形把手或把手 ………………………………………………… 1/00 至 7/00
　　用于车辆的球形把手或把手 …………………………………… 79/00，85/00
　　锁或弹簧栓的其他部件或附件 ………………………………… 9/00 至 17/00
　　钥匙 …………………………………………………………………… 19/00
　　手铐 …………………………………………………………………… 75/00

锁或类似物的部件或附件；钥匙

E05B 1/00 翼扇上用的球形把手或把手；翼扇上的锁或弹簧栓所用的球形把手、把手或按钮（E05B 5/00，E05B 7/00 优先）[1，2006.01]

E05B 1/02 ·用实心材料制的 [1,2006.01]

E05B 1/04 ·内部用刚性构件，外部加有罩面的 [1,2006.01]

E05B 1/06 ·用板类材料制的 [1,2006.01]

E05B 3/00 把手与锁或弹簧栓的连接 [1,2006.01]

E05B 3/02 ·用锁钉或铆钉将把手与心轴固定 [1,2006.01]

E05B 3/04 ·用螺栓、弹簧或圆头螺栓将把手柄与心轴固定 [1,2006.01]

E05B 3/06 ·用以固定在圆花窗内或圆花窗上的 [1,2006.01]

E05B 3/08 ·将心轴固定于从动轮上 [1,2006.01]

E05B 3/10 ·在从动轮内或在手柄内采用一个裂口心轴或双向心轴 [1,2006.01]

E05B 5/00 完全嵌入翼扇表面的把手 [1,2006.01]

E05B 5/02 ·在操作前可先向外转的 [1,2006.01]

E05B 5/04 ·拔出后可以转到与翼扇平行的 [1,2006.01]

E05B 7/00 围绕与翼扇平行的轴转动的把手（E05B 5/00 优先）[1,2006.01]

E05B 9/00 锁的外壳或弹簧栓器件的外壳（挂锁外壳入 E05B 67/02；用于车辆的入 E05B 79/04，E05B 85/02）[1,2006.01]

E05B 9/02 ·用于弹簧栓锁的 [1,2006.01]

E05B 9/04 ·用于圆筒锁的 [1,2006.01]

E05B 9/06 ·外壳各部件的彼此连接 [1,2006.01]

E05B 9/08 ·将弹簧锁或大芯圆筒锁的外壳固定在翼扇上 [1,2006.01]

E05B 9/10 ·双大芯圆筒锁的两个组合部分的连接器件 [1,2006.01]

E05B 11/00 防止钥匙从锁上被取下的器件 [1,2006.01]

E05B 11/02 ·在翼扇锁紧之前 [1,2006.01]

E05B 11/04 ·在翼扇关闭之前 [1,2006.01]

E05B 11/06 ·能扣住万能钥匙或不正确的钥匙 [1,2006.01]

E05B 13/00 使钥匙或把手或两者都不致被动用的器件 [1,2006.01]

E05B 13/02 ·设置在钥匙孔里的扇形锁孔盖 [1,2006.01]

E05B 13/04 ·扣住和固定钥匙的叉形器件 [1,2006.01]

E05B 13/06 ·设置在钥匙齿通道里的闩形止动卡子 [1,2006.01]

E05B 13/08 ·用交叉杆或纵向栓将把手与一个固定锁件或配件连结在一起而组成的器件 [1,2006.01]

E05B 13/10 ·把锁放在把手里构成 [1,2006.01]

E05B 15/00 锁的其他零件；与锁闭件的栓啮合的部件 [1,2006.01]

E05B 15/02 ·锁栓碰片；锁栓帽；销环；钥匙孔盖 [1,2006.01]

E05B 15/04 ·锁内弹簧的排列 [1,2006.01]

E05B 15/06 ·锁内钥匙孔的凸出部 [1,2006.01]

E05B 15/08 ·钥匙导沟；钥匙销子 [1,2006.01]

E05B

E05B 15/10	·锁栓或弹簧锁锁栓 [1,2006.01]
E05B 15/12	·锁栓的销子或止动扣 [1,2006.01]
E05B 15/14	·锁中的制动栓 [1,2006.01]
E05B 15/16	·使用特殊材料的锁用零件 [1,2006.01]
E05B 17/00	**与锁有关的附件**（带有指示或定时装置的锁入 E05B 39/00 至 E05B 45/00）[1,4,2006.01]
E05B 17/02	·双连门连接器件，即两扇门一前一后，同在一边铰接 [1,2006.01]
E05B 17/04	·单轴或双轴弹子锁的转动轴同锁栓操作件相联结的器件 [1,2006.01]
E05B 17/06	·在翼扇安装中标志器件位置的样板 [1,2006.01]
E05B 17/08	·润滑器件 [1,2006.01]
E05B 17/10	·用于或装在锁或钥匙上的照明器件 [1,2006.01]
E05B 17/12	·取出陷在锁里钥匙的器件 [1,2006.01]
E05B 17/14	·钥匙孔的关闭或保险器 [1,2006.01]
E05B 17/16	··销子形或钥匙齿形的 [1,2006.01]
E05B 17/18	··盖形或滑板形的 [1,2006.01]
E05B 17/20	·用于防止未经许可开启的独立于锁机构的装置，例如，在关闭位置固定锁栓的（销或键入 E05B 15/12）[4,2006.01]
E05B 17/22	·用于操纵或控制锁或固接件附件的装置，即除固接构件以外的，例如，开关、指示器 [4,2006.01]
E05B 19/00	**钥匙；所用附件**（制造钥匙见有关位置，例如 B21D 53/42，轧制钥匙中的沟槽入 B23C 3/35）[1,2006.01]
E05B 19/02	·钥匙柄的构造 [1,2006.01]
E05B 19/04	·钥匙匙环的构造；扁平钥匙的构造 [1,2006.01]
E05B 19/06	·钥匙齿；扁平钥匙齿 [1,2006.01]
E05B 19/08	··特殊形状的钥匙齿，例如，双钥匙齿、折叠钥匙齿 [1,2006.01]
E05B 19/10	·匙齿和匙环在匙柄上的固接 [1,2006.01]
E05B 19/12	·在使用时有几个齿彼此作相对移动的钥匙 [1,2006.01]
E05B 19/14	·双钥匙 [1,2006.01]
E05B 19/16	·非常薄的、开锁时不用转动的钥匙 [1,2006.01]
E05B 19/18	·在使用前可调整的钥匙 [1,2006.01]
E05B 19/20	·万能钥匙；撬锁器件；用于同样用途的其他器件 [1,2006.01]
E05B 19/22	·具有能显示最后是否锁上的钥匙 [1,2006.01]
E05B 19/24	·钥匙分类标记 [1,2006.01]
E05B 19/26	·使用特殊材料的钥匙 [1,2006.01]

用转动钥匙的锁，由钥匙来转动垂直于它的薄板状制动栓

E05B 21/00	**用转动钥匙的锁，由钥匙来转动垂直于它的薄片状制动栓，其中制动栓不随锁栓移动** [1,2006.01]
E05B 21/02	·有同一种制动栓的 [1,2006.01]
E05B 21/04	·制动栓上有停止销子的（E05B 21/02 优先）[1,2006.01]
E05B 21/06	·圆筒锁，例如保险锁 [1,2006.01]
E05B 23/00	**用转动钥匙的锁，由钥匙来转动垂直于它的薄片状制动栓，其中制动栓可随锁栓移动** [1,2006.01]
E05B 25/00	**用转动钥匙的锁，由钥匙来转动垂直于它的薄片状制动栓，并以制动栓为特征的** [1,2006.01]
E05B 25/02	·带有供钥匙在其切口中移动的制动栓 [1,2006.01]
E05B 25/04	·制动栓里止动销子在倾斜方向上由一个锁住位置引导到另一个锁住位置 [1,2006.01]
E05B 25/06	·制动栓里止动销子沿着曲线方向由一个锁住位置引导到另一个锁住位置 [1,2006.01]
E05B 25/08	·制动栓带有与钥匙啮合的活动倒齿

E05B 25/10 ・制动栓以相互咬合的形式决定其未锁紧位置 [1,2006.01]

在塞进钥匙后转动件才定位的锁

E05B 27/00 带有在塞进钥匙后制动销子或弹子的圆筒锁 [1,2006.01]

E05B 27/02 ・用钥匙边缘开动的 [1,2006.01]

E05B 27/04 ・・径向地排成一排的 [1,2006.01]

E05B 27/06 ・・径向地排成几排的 [1,2006.01]

E05B 27/08 ・・轴向地排列的 [1,2006.01]

E05B 27/10 ・用钥匙的其他表面来开动的，例如，钥匙上孔洞接受制动栓的凸出部分 [1,2006.01]

E05B 29/00 带有在塞进钥匙后板式制动栓的弹子锁 [1,2006.01]

E05B 29/02 ・用钥匙边缘开动的 [1,2006.01]

E05B 29/04 ・・单个排列的 [1,2006.01]

E05B 29/06 ・・成双排列的 [1,2006.01]

E05B 29/08 ・用钥匙其他表面开动的 [1,2006.01]

E05B 29/10 ・・由曲线槽或凹槽开动的 [1,2006.01]

E05B 29/12 ・・由曲线凸缘开动的 [1,2006.01]

E05B 29/14 ・使用同时有轴向和径向排列的板式制动栓的 [1,2006.01]

E05B 31/00 同时带有制动栓销子或弹子和板状制动栓的在塞进钥匙后制动栓才定位的圆筒锁 [1,2006.01]

E05B 33/00 锁栓除了钥匙还用别的方法开动的圆筒锁，其制动栓在塞进钥匙后才能定位 [1,2006.01]

E05B 35/00 用特殊钥匙或几个钥匙开的锁 [1,2006.01]

E05B 35/02 ・能侧向移动的 [1,2006.01]

E05B 35/04 ・用于拉拔钥匙 [1,2006.01]

E05B 35/06 ・用于旋转钥匙 [1,2006.01]

E05B 35/08 ・用几个钥匙开动的 [1,2006.01]

E05B 35/10 ・・有基本钥匙和通过钥匙的 [1,2006.01]

E05B 35/12 ・・要求使用两个钥匙的，例如，存储用保险锁 [1,2006.01]

E05B 35/14 ・用钥匙的不同部位开动锁的分离机构 [1,2006.01]

E05B 37/00 对号排列锁（电动对号锁入 E05B 49/00）；密码锁 [1,2006.01]

E05B 37/02 ・在单一轴上装有多个转动圆盘或圆环，每个圆盘能独立于其他圆盘而自己调整 [1,2006.01]

E05B 37/04 ・在单一轴上装有多个转动圆盘，全部圆盘由旋转一个可替换的球形把手来调整 [1,2006.01]

E05B 37/06 ・・在挂锁内 [1,2006.01]

E05B 37/08 ・在单一轴上装有多个转动圆盘，全部圆盘由一个不能替换的旋转式球形把手来调整 [1,2006.01]

E05B 37/10 ・・在挂锁内 [1,2006.01]

E05B 37/12 ・在几个轴上装有多个转向圆盘 [1,2006.01]

E05B 37/14 ・・在挂锁内 [1,2006.01]

E05B 37/16 ・有两个或更多的推或拉的球形把手、滑板或类似物 [1,2006.01]

E05B 37/18 ・・在挂锁内 [1,2006.01]

E05B 37/20 ・解谜锁 [1,2006.01]

E05B 37/22 ・・在挂锁内 [1,2006.01]

具有指示或计时器件的锁

E05B 39/00 能够显示未经许可被人开动过的锁 [1,2006.01]

E05B 39/02 ・带有易破坏的密封罩或纸封条 [1,4,2006.01]

E05B 39/04 ・用计数或记录器件 [1,2006.01]

E05B 41/00 带有可指示锁是否锁上的锁 [1,2006.01]

E05B 43/00 记时锁 [1,2006.01]

E05B 45/00 报警锁 [1,2006.01]

E05B 45/02 ・带机械操纵警铃的 [1,2006.01]

E05B 45/04	·带起爆信号报警器件的 [1,2006.01]		E05B 55/10	··锁栓不加固定 [1,2006.01]
E05B 45/06	·电动报警锁 [1,2006.01]		E05B 55/12	·锁栓用一暗装的平行件固定 [1,2006.01]
E05B 45/08	··在锁内或碰板内有触发点的 [1,2006.01]		E05B 55/14	·锁栓用一翼扇把手或翼扇里的把手或球形把手固定 [1,2006.01]
E05B 45/10	···插入钥匙就触发的 [1,2006.01]		E05B 55/16	··通常使用翼扇侧把手的 [1,2006.01]
E05B 45/12	···移动锁栓就触发的 [1,2006.01]		E05B 57/00	旋转弹簧栓同时作为锁闭部件的锁 [1,2006.01]
E05B 45/14	··在锁外有触发点的 [1,2006.01]		E05B 59/00	弹簧栓与锁栓分开的锁,或者带几个弹簧栓或锁栓的锁 [1,2006.01]

用非机械手段操纵或控制的锁,例如,从远处操纵或控制的锁

E05B 47/00	用电力或磁力装置操纵或控制锁或其他固接器件(电动对号锁入E05B 49/00)[1,2,2006.01]		E05B 59/02	·带有拨动锁栓时能使弹簧栓锁定的装置 [1,2006.01]
E05B 47/02	·在锁、弹簧栓或其部件上用电磁移动锁栓的装置 [1,2006.01]		E05B 59/04	·锁内弹簧栓由锁栓来移动,或者锁栓由弹簧栓来移动,或者一个弹簧栓由另一个弹簧栓来移动,或者类似的 [1,2006.01]
E05B 47/04	··只用于开锁的 [1,2006.01]			
E05B 47/06	·用电磁操纵的制动器来控制机械操纵的锁栓 [1,2006.01]		E05B 59/06	·锁栓能在弹簧栓内滑动 [1,2006.01]
E05B 47/08	··用翼扇关闭时弹簧受压使锁栓脱开 [1,2006.01]		E05B 61/00	其他带弹簧栓的锁 [1,2006.01]

特殊结构特征或特殊用途的锁

E05B 49/00	电动对号锁;所用电路 [1,2006.01]		E05B 63/00	有特殊结构特征的锁 [1,2006.01]
E05B 49/02	·电路装置在锁内 [1,2006.01]		E05B 63/02	·没有弹簧 [1,2006.01]
E05B 49/04	·电路装置在锁外 [1,2006.01]		E05B 63/04	·可任意用在翼扇的右边或左边 [1,2006.01]
E05B 51/00	用别的非机械方法操纵或控制的锁或其他闭锁器件 [1,2006.01]		E05B 63/06	·栓的长短可调 [1,2006.01]
E05B 51/02	·用气动或液压方法的 [1,2006.01]		E05B 63/08	·插锁 [1,2006.01]
			E05B 63/10	··只要求在翼扇上有两个圆孔 [1,2006.01]
E05B 53/00	靠机械传动操纵或控制的锁,例如,从远处操纵 [1,2006.01]		E05B 63/12	·锁栓上带有可把它与锁栓帽连在一起的装置 [1,2006.01]

有弹簧栓的锁

E05B 55/00	锁内滑动弹簧栓同时作为锁栓的锁 [1,2006.01]		E05B 63/14	·几个锁或带有几个锁栓的锁的布置,例如,一个排在另一个后面(带有弹簧栓的入 E05B 59/00,E05B 61/00)[1,4,2006.01]
E05B 55/02	·锁栓用转动件固定 [1,2006.01]			
E05B 55/04	·锁栓用十字杆或螺丝套固定并锁住把手 [1,2006.01]		E05B 63/16	·在背面有独立移动把手的 [1,2006.01]
E05B 55/06	·断开把手 [1,2006.01]		E05B 63/18	·带有一种可使锁栓独立于锁定机构的装置使锁栓保持在缩回的位置 [1,2006.01]
E05B 55/08	··锁栓用横向销固定 [1,2006.01]			

E05B 63/20	··当翼扇关闭时自动脱开［1，2006.01］
E05B 63/22	·用垂直作用于面板的拉或推力操纵的（E05B 35/04优先）［1，2006.01］
E05B 63/24	·互相啮合的固接构件对应地安装在翼扇和框架上，并都可移动的装置，例如，用移动这些固接构件之一来松开的（搭扣锁入E05B 65/48）［4，2006.01］
E05B 65/00	**特殊用途的锁**［1，2006.01］
E05B 65/02	·用于薄的、空心的，或薄金属翼扇的［1，2006.01］
E05B 65/04	·用于在同一边铰接的翼扇，一扇在另一扇后面［1，4，2006.01］
E05B 65/06	·用于摆动门［1，2006.01］
E05B 65/08	·用于移动翼扇［1，2006.01］
E05B 65/10	·用于太平门［1，2006.01］
E05B 65/44	·用于家具（用于抽屉的入E05B 65/46）［1，2006.01］
E05B 65/46	·用于抽屉［1，4，2006.01，2017.01］
E05B 65/462	··用于两个或多个抽屉［2017.01］
E05B 65/463	···抽屉互锁机构或防倾斜机构，即当一个抽屉打开时，至少有一个剩余的抽屉被锁定［2017.01］
E05B 65/464	····由两个或多个对齐的端部与端部邻近连接的锁定元件组成［2017.01］
E05B 65/465	····具有旋转锁杆［2017.01］
E05B 65/466	····具有能张紧的或柔性的元件，例如，缆、带、链或绳［2017.01］
E05B 65/467	····锁杆固定在抽屉前面［2017.01］
E05B 65/468	····使用旋转锁杆（E05B 65/465，E05B 65/467优先）［2017.01］
E05B 65/48	·搭扣锁（除锁以外的搭扣固定件入E05C19/08）［1，2006.01］
E05B 65/50	··用于公文包的［1，2006.01］
E05B 65/52	·其他用于箱柜、箱子、旅行箱、提篮、旅行袋或类似物的锁［1，2006.01］
E05B 67/00	**挂锁**（对号锁入E05B 37/00）；其细部构件［1，2006.01］
E05B 67/02	·壳体［1，2006.01］
E05B 67/04	··铠装壳体［1，2006.01］
E05B 67/06	·锁扣；锁扣的排列［1，2006.01］
E05B 67/08	··锁扣铰接在箱子上的挂锁［1，2006.01］
E05B 67/10	···带有锁住锁扣自由端的器件［1，2006.01］
E05B 67/12	····带有嵌入的圆筒锁［1，2006.01］
E05B 67/14	···带有能锁住锁扣的铰接端的器件［1，2006.01］
E05B 67/16	····带有内装的圆筒锁［1，2006.01］
E05B 67/18	···带有锁住锁扣两端的器件［1，2006.01］
E05B 67/20	····带有内装的圆筒锁［1，2006.01］
E05B 67/22	··带有转动或不可转动的滑动锁扣的挂锁［1，2006.01］
E05B 67/24	···带有内装的圆筒锁［1，2006.01］
E05B 67/26	···当钥匙转动时，无论锁扣有没有被移动，都有螺旋作用［1，2006.01］
E05B 67/28	··带有圆形锁扣的挂锁［1，2006.01］
E05B 67/30	···带有内装的圆筒锁［1，2006.01］
E05B 67/32	··带有钳子形锁扣的挂锁［1，2006.01］
E05B 67/34	···带有内装的圆筒锁［1，2006.01］
E05B 67/36	·不用锁扣而用别的关闭器件的挂锁［1，2006.01］
E05B 67/38	·辅助或保护装置［1，2006.01］

<u>衣服、手杖、雨伞或自行车的锁闭装置</u>

E05B 69/00	**锁住衣服器件；带锁闭件的衣架或挂衣架**［1，2006.01］
E05B 69/02	·可锁的小衣钩（硬币控制的锁钩入G07F 17/10）［1，2006.01］
E05B 71/00	**除挂锁以外专门适用于自行车的锁**（与自行车相连成一体的锁入B62H 5/00）［1，2006.01］

E05B

E05B 71/02	·带对号锁的［1，2006.01］
E05B 73/00	锁闭便携式物件以防非法移动的装置；没有包含在本小类其他组中的闭锁装置［1，2006.01］
E05B 73/02	·用于手杖或雨伞的［1，2006.01］
E05B 75/00	手铐［1，2006.01］

除自行车外的车辆锁［2014.01］

E05B 77/00	以特殊功能或用途为特征的车辆锁（专门适用于自行车的锁入 E05B 71/00；用于非固定车顶的锁装置入 B60J 7/185）［2014.01］
E05B 77/02	·用于事故情况［2014.01］
E05B 77/04	··防止不期望的锁驱动，例如，在发生碰撞的瞬间解锁［2014.01］
E05B 77/06	···利用惯性力［2014.01］
E05B 77/08	··保护行人的装置［2014.01］
E05B 77/10	··在车身变形的情况下允许开启，例如，通过防止锁零部件变形［2014.01］
E05B 77/12	··在发生碰撞的瞬间自动锁定或自动解锁［2014.01］
E05B 77/14	·在开门或门从开启位置移动到关闭位置的情况下专用的受控的锁定操作，例如，防止反锁或自动取消［2014.01］
E05B 77/16	··在解锁位置防止锁栓锁定，即门开启时［2014.01］
E05B 77/18	··可自动取消的无钥匙锁定，例如，关门时造成的解锁动作［2014.01］
E05B 77/20	···自动取消的撤销，例如，关门时通过手柄的操作［2014.01］
E05B 77/22	·与车辆乘客室的锁操作相关的功能［2014.01］
E05B 77/24	··防止内门把手、门槛按钮、窗台按钮、锁定旋钮或类似物的使用［2014.01］
E05B 77/26	···专门适用于儿童安全［2014.01］
E05B 77/28	···用于防盗的目的，例如，双重锁定或超级锁定［2014.01］
E05B 77/30	·即使门被锁定也允许利用内门把手开启［2014.01］
E05B 77/32	·允许同时触发把手和锁定或解锁元件，例如，防止解锁和解锁动作之间的干扰［2014.01］
E05B 77/34	·天气或尘土防护，例如，防止水进入（钥匙孔的关闭或防护入 E05B 17/14）［2014.01］
E05B 77/36	·噪声防止；防撞击声装置［2014.01］
E05B 77/38	··缓冲元件、弹性导向元件或保持元件，例如，在翼扇关闭期间用于缓冲或抑制锁栓对撞针的冲击［2014.01］
E05B 77/40	··覆盖消音层的锁定元件，例如，涂层［2014.01］
E05B 77/42	·锁零部件运动的阻尼装置，例如，降低把手旋转运动的速度（E05B 77/38 优先）［2014.01］
E05B 77/44	·防止盗贼，例如，通过防止未授权工具开启（E05B 77/28 优先）［2014.01］
E05B 77/46	·同时锁定几个翼扇［2014.01］
E05B 77/48	··利用电气装置［2014.01］
E05B 77/50	··利用气动或液压装置［2014.01］
E05B 77/52	·通过关闭另一个翼扇来锁定一个翼扇［2014.01］
E05B 77/54	·由特定车辆参数触发的自动紧固或解锁锁栓，例如，超过一个速度阈值（由车辆碰撞触发入 E05B 77/12）［2014.01］
E05B 79/00	安装或连接汽车锁或其部件［2014.01］
E05B 79/02	·车辆锁或其部件的安装［2014.01］
E05B 79/04	··将锁外壳安装到车辆上，例如，安装到翼扇上［2014.01］
E05B 79/06	··把手的安装，例如，安装到翼扇或锁上［2014.01］
E05B 79/08	··锁内各个锁部件的安装，例如，杆件［2014.01］
E05B 79/10	·可动锁部件之间的连接［2014.01］

E05B 79/12	・・利用连杆 [2014.01]	
E05B 79/14	・・彼此连接的杆 [2014.01]	
E05B 79/16	・・以杆与其他锁部件的连接装置为特征，例如，连接至杆件 [2014.01]	
E05B 79/18	・・・杆的导向 [2014.01]	
E05B 79/20	・・利用柔性连接，例如，钢缆线 [2014.01]	
E05B 79/22	・・把手、门槛按钮、窗台按钮或锁旋钮与锁单元之间的有效连接（将把手的不活动底座元件安装到锁上入 E05B 79/06）[2014.01]	

E05B 81/00 动力驱动的车辆锁 [2014.01]

E05B 81/02	・以使用的致动器类型为特征 [2014.01]
E05B 81/04	・・电动的（电路入 E05B 81/54）[2014.01]
E05B 81/06	・・・利用旋转电机 [2014.01]
E05B 81/08	・・・利用电磁铁或螺线管 [2014.01]
E05B 81/10	・・液压或气动的（液压或气动电路入 E05B 81/52）[2014.01]
E05B 81/12	・以动力致动器的功能或用途为特征 [2014.01]
E05B 81/14	・・操作锁栓制动器，例如，打开锁栓 [2014.01]
E05B 81/16	・・作用在锁定元件上以用于锁定或解锁动作 [2014.01]
E05B 81/18	・・影响一个锁栓或几个锁栓的运动（E05B 81/20 优先）[2014.01]
E05B 81/20	・・用于协助最终关闭或用于初始开启 [2014.01]
E05B 81/22	・・・通过撞针的移动 [2014.01]
E05B 81/24	・以致动器的结构特征或动力传递为特征 [2014.01]
E05B 81/26	・・输出元件 [2014.01]
E05B 81/28	・・・线性往复元件 [2014.01]
E05B 81/30	・・・旋转元件 [2014.01]
E05B 81/32	・・致动器传动机构的零件 [2014.01]
E05B 81/34	・・・齿轮传动装置的 [2014.01]
E05B 81/36	・・・・扇形齿轮传动装置，例如，扇形齿轮 [2014.01]
E05B 81/38	・・・・行星齿轮 [2014.01]
E05B 81/40	・・・沿着驱动螺纹轴移动的螺母或类似螺母的部件 [2014.01]
E05B 81/42	・・・凸轮 [2014.01]
E05B 81/44	・・・・以槽的形式 [2014.01]
E05B 81/46	・・・离合器 [2014.01]
E05B 81/48	・・在一个方向上被驱动的致动器 [2014.01]
E05B 81/50	・・利用非动力装置自动返回到空挡位置的动力致动器，例如，弹簧 [2014.01]
E05B 81/52	・气动或液压回路（用于若干个翼扇上多个锁的同时锁定入 E05B 77/50）[2014.01]
E05B 81/54	・电路（用于若干个翼扇上多个锁的同时锁定入 E05B 77/48）[2014.01]
E05B 81/56	・・致动器的控制 [2014.01]
E05B 81/58	・・・包括时间控制，例如，用于控制电动机的运行时间 [2014.01]
E05B 81/60	・・・利用脉冲控制，例如脉冲宽度调制 [2014.01]
E05B 81/62	・・・用于根据电气参数打开或关闭一个回路，例如，电机电流的增加 [2014.01]
E05B 81/64	・・监测或检测，例如，使用开关或传感器 [2014.01]
E05B 81/66	・・・锁栓位置，即闭锁状态 [2014.01]
E05B 81/68	・・・・通过检测制动器的位置 [2014.01]
E05B 81/70	・・・翼扇的位置 [2014.01]
E05B 81/72	・・・锁的状态，即锁定或解锁状态 [2014.01]
E05B 81/74	・・・・通过检测致动器的状态 [2014.01]
E05B 81/76	・・・门把手操作检测；用户接近门把手检测；由门把手操作的电

	气开关动作 [2014.01]
E05B 81/78	···作为不用手锁定或解锁操作的一部分 [2014.01]
E05B 81/80	··以电力供应为特征；应急电源操作 [2014.01]
E05B 81/82	···利用汽车主电池之外的电池 [2014.01]
E05B 81/84	···利用手动操作的发电装置 [2014.01]
E05B 81/86	···利用电容器 [2014.01]
E05B 81/88	···利用感应能量传输 [2014.01]
E05B 81/90	·在断电的情况下手动操作 [2014.01]
E05B 83/00	**专门适用于特殊类型翼扇或车辆的车辆锁**（专门适用于自行车的锁入 E05B 71/00；用于非固定车顶的锁定装置入 B60J 7/185；敞式货舱的侧板或尾板所用的闭锁装置入 B62D 33/037）[2014.01]
E05B 83/02	·用于铁路货运车、货物集装箱或类似物的锁；用于商业用途的货车、卡车或面包车的货舱锁 [2014.01]
E05B 83/04	··用于滑动翼扇 [2014.01]
E05B 83/06	··铁路货运车 [2014.01]
E05B 83/08	·具有驱动紧固装置的细长杆 [2014.01]
E05B 83/10	··旋转杆 [2014.01]
E05B 83/12	··用于面包车的后门（E05B 83/04，E05B 83/08 优先）[2014.01]
E05B 83/14	··具有用于密封的预防措施 [2014.01]
E05B 83/16	·用于行李舱、汽车后备箱盖或汽车引擎盖的锁 [2014.01]
E05B 83/18	··用于汽车后备箱盖或后行李舱的锁 [2014.01]
E05B 83/20	···具有一起关闭单个舱室的两个或多个翼扇 [2014.01]
E05B 83/22	··用于车辆侧面行李舱的锁，例如，巴士或露营车 [2014.01]
E05B 83/24	··用于汽车引擎盖 [2014.01]
E05B 83/26	··人被困在行李舱时用的紧急开启装置 [2014.01]
E05B 83/28	·用于手套箱、控制箱、燃油入口盖或类似物的锁 [2014.01]
E05B 83/30	··用于手套箱 [2014.01]
E05B 83/32	··用于控制箱，例如，乘客座位之间的 [2014.01]
E05B 83/34	··用于与车辆表面基本齐平的燃油入口盖 [2014.01]
E05B 83/36	·用于乘客门或类似门的锁 [2014.01]
E05B 83/38	··用于无柱式车辆，即前、后门在关闭位置相互啮合 [2014.01]
E05B 83/40	·用于滑动门 [2014.01]
E05B 83/42	·用于大型商用车，例如，货车、工程车或用于大宗运输的车辆 [2014.01]
E05B 83/44	··用于休闲车，例如，大篷车和露营车 [2014.01]
E05B 85/00	**不包含在 E05B 77/00 至 E05B 83/00 各组中的车辆锁具部件**
E05B 85/02	·锁盖 [2014.01]
E05B 85/04	·撞针 [2014.01]
E05B 85/06	·锁筒装置 [2014.01]
E05B 85/08	·门槛按钮、窗台按钮、装饰按钮或内部门锁旋钮 [2014.01]
E05B 85/10	·把手 [2014.01]
E05B 85/12	··内部门把手 [2014.01]
E05B 85/14	··绕平行于翼扇的轴旋转的把手 [2014.01]
E05B 85/16	···在一端绕垂直于把手部件纵向轴的轴枢转的纵向把手部件 [2014.01]
E05B 85/18	···绕平行于把手部件纵向轴的轴枢转的纵向把手部件 [2014.01]
E05B 85/20	·锁栓或制动器 [2014.01]
E05B 85/22	··直线移动的锁栓 [2014.01]
E05B 85/24	··绕轴线转动的锁栓 [2014.01]
E05B 85/26	··锁栓和制动器的协作 [2014.01]
E05B 85/28	···结合锁栓帽的元件是齿轮状或类似形状的 [2014.01]

E05C 用于翼扇，专用于门或窗的插销或固接器件（用于车辆边板或尾板结构的弹簧栓设施入 B62D 33/037；用于结构或工程元件的固接器件入 E04，F16B；锁，结构上或操纵上与锁结合的或与锁有效协作的固接器件入 E05B；用于操纵或控制翼扇紧固器件与移动翼扇的机构相连接的设施入 E05F）

附注

1. 在此小类中仅考虑以固定翼扇所必要的活动作为分类依据，例如，为防止其脱落而沿轴旋转的滑动插销，只分在滑动的类内。
2. 注意 E05 类名下面的定义。

小类索引

固接器件

以插销移动方式为特征的	1/00 至 5/00
专用于保持翼扇敞开的	17/00，19/00
专门适用于两个翼扇的	7/00
紧固、固定或锁闭器件的配置	9/00，21/00

以其特殊移动方式为特征的插销、弹簧栓或其他与其类似的翼扇固接器件，例如直线移动、依枢轴移动或旋转移动

E05C 1/00 带有直线移动插销的紧固器件（用拉或压翼扇的方法自动放开的器件入 E05C 19/02）[1,2006.01]

E05C 1/02 · 无弹簧栓作用的 [1,2006.01]

E05C 1/04 · · 有与插销固定在一起的操作把手或类似部件的 [1,2006.01]

E05C 1/06 · · 有不与插销固定在一起而用别的方法移动的操作把手或类似部件的 [1,2006.01]

E05C 1/08 · 有弹簧栓作用的 [1,2006.01]

E05C 1/10 · · 有与弹簧栓固定在一起的操作把手或类似部件的 [1,2006.01]

E05C 1/12 · · 有不与弹簧栓固定在一起而用别的方法移动操作把手或类似部件的 [1,2006.01]

E05C 1/14 · · · 把手或部件基本上是向着或背着翼扇或框平面移动的 [1,2006.01]

E05C 1/16 · · · 把手或部件基本上是在大体平行于翼扇的平面内移动的 [1,2006.01]

E05C 3/00 带有绕枢轴活动或旋转的插销的紧固器件（用拉或压翼扇的方法自动放开的器件入 E05C 19/02）[1,2006.01]

E05C 3/02 · 无弹簧栓作用 [1,2006.01]

E05C 3/04 · · 有与插销固定在一起的操作把手或类似部件的 [1,2006.01]

E05C 3/06 · · 有不与插销固定在一起而用别的移动方法的操作把手或类似部件的 [1,2006.01]

E05C 3/08 · · · 把手或部件基本上是向着或背着翼扇或框架平面移动的 [1,2006.01]

E05C 3/10 · · · 把手或部件基本上是在大致平行于翼扇的平面内移动的 [1,

E05C

	2006.01]
E05C 3/12	·有弹簧栓作用的（固定件是由弹簧构成或仅是由弹簧带动的，只要弹簧一变形就能移动的器件，例如，锁簧入E05C 19/06）[1,2006.01]
E05C 3/14	··有与弹簧栓固定在一起的操作把手或类似部件的[1,2006.01]
E05C 3/16	··有不与弹簧栓固定在一起而用别的方法移动操作把手或类似部件的[1,2006.01]
E05C 3/22	··弹簧控制的插销[1,2006.01]
E05C 3/24	···呈叉形的部件[1,2006.01]
E05C 3/26	····与双头插销之类的夹头接合[1,2006.01]
E05C 3/28	·····带有同时操作的双插销[1,2006.01]
E05C 3/30	···呈钩形的[1,2006.01]
E05C 3/32	····与钩形夹头接合（E05C 3/34优先）[1,2006.01]
E05C 3/34	····带有同时操作的双插销[1,2006.01]
E05C 3/36	···呈旋转齿轮形[1,2006.01]
E05C 3/38	···插销与钩形夹头接合（E05C 3/24，E05C 3/30，E05C 3/36优先）[1,2006.01]
E05C 3/40	···插销与双头插销之类的夹头接合（E05C 3/24，E05C 3/30，E05C 3/36优先）[1,2006.01]
E05C 5/00	**带有不只是以直线、绕枢轴或旋转方式移动的插销的紧固器件**（用拉或压翼扇的方法自动放开的器件入E05C 19/02）[1,2006.01]
E05C 5/02	·用轴向移动和围绕轴转动使翼扇固定住[1,2006.01]
E05C 5/04	··两者同时移动，例如，螺丝拧进夹头[1,2006.01]
E05C 7/00	**专门适用于两个翼扇的紧固器件**[1,2006.01]

附注

本组内，如果一个紧固器件只是使一翼扇固定在已经关闭的另一翼扇上，这不能被看作是专门适用于两翼扇的固接器件。

E05C 7/02	·用于当关闭时呈前后排列的翼扇[1,2006.01]
E05C 7/04	·用于当关闭时紧密邻接的两翼扇[1,2006.01]
E05C 7/06	··用于一翼扇的紧固器件，其启动或控制是通过关闭另一翼扇实现的[1,2006.01]
E05C 9/00	**装在同一翼扇的适当间隔位置上的同时启动插销或其他固定装置的配置**（主要涉及锁闭用的入E05B 63/14；一般压力容器工程闭合用的类似结构入F16J 13/08）[1,2006.01]
E05C 9/02	·具有在一个方向移动时紧固，而在相反方向移动时松脱用的一根滑动杆；具有紧固或松脱时在同一方向移动的两根滑动杆[1,4,2006.01]
E05C 9/04	·有两个滑动杆，当扣上或脱开时彼此向相反方向移动的[1,2006.01]
E05C 9/06	·有3个或更多的滑动杆的[1,2006.01]
E05C 9/08	·有1个旋转杆来启动紧固件的[1,2006.01]
E05C 9/10	·杆的致动机构[1,2006.01]
E05C 9/12	··有齿轮和齿条的[1,2006.01]
E05C 9/14	··有与凹槽结合的销子的[1,2006.01]
E05C 9/16	··有曲柄销子和连接杆的[1,2006.01]
E05C 9/18	·杆端的闭锁或固定的紧固件的细部构件[1,2006.01]
E05C 9/20	·用于滑动杆、棒或缆索的连接装置[4,2006.01]
E05C 9/22	·用于滑动杆、棒或缆索的导向装置（角隅导向装置入E05C 9/24）[4,2006.01]
E05C 9/24	·用于在垂直和水平的滑动杆、棒或缆索间传递运动的装置，例如，角隅导向装置在垂直和水平的滑动杆、棒或缆索间传递运动的装置是用于移动翼

扇到开或关位置上的入 E05F 7/08）
［4，2006.01］

E05C 17/00　保持翼扇打开的器件；用在框架和翼扇间延伸的可动部件限制翼扇开启或保持翼扇打开的器件；与之结合的制动器、止动器或缓冲器（同铰链结合的入 E05D 11/00；同操纵翼扇的设备结合的入 E05F；其他制动器、止动器、缓冲器入 E05F 5/00）［1，4，2006.01］

E05C 17/02　·用机械方法（E05C 17/60 优先）［1，4，2006.01］

E05C 17/04　··有伸展在框与翼扇之间的可移动杆或类似部件 ［1，2006.01］

E05C 17/06　···只有当翼扇接近关闭时方可松脱而允许进一步打开的 ［1，2006.01］

E05C 17/08　···用特殊方法松脱的，例如，通过进一步打开而自动松脱 ［1，2006.01］

E05C 17/10　···带有使翼扇固定在关闭状态的特殊器件 ［1，2006.01］

E05C 17/12　···有一个杆的 ［1，2006.01］

E05C 17/14　····挂钩与环，或类似部件 ［1，2006.01］

E05C 17/16　····只在一端旋开并有一排狭长凹槽的 ［1，2006.01］

E05C 17/18　····只在一端旋开并有一排孔、槽口或销子 ［1，2006.01］

E05C 17/20　····沿一导轨滑动（E05C 17/18 优先）［1，2006.01］

E05C 17/22　·····导轨上有制动、夹紧或固定装置 ［1，4，2006.01］

E05C 17/24　····在一端旋开，另一端沿导轨移动 ［1，2006.01］

E05C 17/26　·····连杆的旋开处有制动、夹紧或固定装置 ［1，4，2006.01］

E05C 17/28　·····在导向部件的连接处有制动、夹紧或固定装置 ［1，4，2006.01］

E05C 17/30　···可伸缩的结构，例如，套管式（柔性部件入 E05C 17/36）［1，2006.01］

E05C 17/32　···有两个或更多的装枢轴的杆的 ［1，2006.01］

E05C 17/34　····有能固定于几个位置的装置 ［1，2006.01］

E05C 17/36　···有一个柔性部件的，例如，链条 ［1，2006.01］

E05C 17/38　··有一个与框固定在一起的曲线轨道用来与翼扇上的装置相连接，或者相反 ［1，2006.01］

E05C 17/40　·连接右翼扇和左翼扇的杆体或类似部件，这两翼扇在加以关闭时是互相相对移动的 ［1，2006.01］

E05C 17/42　·连接外翼扇和内翼扇的 ［1，2006.01］

E05C 17/44　·翼扇上带有一种器件用于同一固定平面作摩擦或类似结合，例如，能缩进的底脚 ［1，2006.01］

E05C 17/46　·翼扇或装在翼扇上的部件与一个固定位置上的可动的紧固件结合；装在翼扇上的可动的紧固件与一固定部件结合 ［1，4，2006.01］

E05C 17/48　··有一个滑动固定部件的 ［1，2006.01］

E05C 17/50　··有一个单旋开的固定部件的 ［1，2006.01］

E05C 17/52　··有一个窝模、拉手或类似器件 ［1，2006.01］

E05C 17/54　··轻便器件，例如，楔形物 ［1，2006.01］

E05C 17/56　·用磁力或电磁吸力的（用电或磁方法操作的锁或紧固器件入 E05B 47/00）［1，2，2006.01］

E05C 17/58　·远程操作或遥控的 ［1，2006.01］

E05C 17/60　·保持滑动翼扇开启 ［4，2006.01］

E05C 17/62　··利用槽口 ［4，2006.01］

E05C 17/64　··靠摩擦 ［4，2006.01］

E05C, E05D

E05C 19/00	特别设计的固紧翼扇的其他器件（额外用于栓接的活动式压缩封闭入E06B 7/18）[1,2,2006.01]
E05C 19/02	·自动挡，即用拉或压翼扇的方法打开的（E05C 19/06优先）[1,2006.01]
E05C 19/04	··弹子或滚珠闩[1,2006.01]
E05C 19/06	·装置内固定件是弹簧构成的或用弹簧带动的并只由弹簧变形移动，例如，锁簧[1,2006.01]
E05C 19/08	·搭扣；搭扣紧固件；所用弹簧挡[1,2006.01]
E05C 19/10	·钩形紧固件；其链环与固定的钩形件相结合的紧固件[1,2006.01]
E05C 19/12	··以转动式安装的[1,2006.01]
E05C 19/14	···有套环动作的[1,2006.01]
E05C 19/16	·用磁或电磁吸力固定翼扇的器件[1,2006.01]
E05C 19/18	·专门适用于固定翼扇的便携式器件（阻止把手的运转入E05B 13/00）[1,2006.01]
E05C 21/00	E05C 1/00 至 E05C 19/00 中任何单一大组不包括的翼扇紧固、固定或支承器件的配置与组合[1,2006.01]
E05C 21/02	·仅用于使翼扇保持关闭状态[1,2006.01]

E05D 门、窗或翼扇的铰链或其他悬挂装置（一般的枢轴连接件入F16C 11/00）

小类索引

铰链
  一般结构 ·················· E05D 1/00, E05D 3/00
  特殊结构 ·················· E05D 7/00
  部件；附件 ·················· E05D 5/00, E05D 9/00; E05D 11/00
  翼扇上用的其他悬挂器件 ·················· E05D 13/00, E05D 15/00

E05D 1/00	没有销的铰链；铰链的代用品[1,2006.01]
E05D 1/02	·整块式铰链[1,2006.01]
E05D 1/04	·具有圆弧形导向装置[1,2006.01]
E05D 1/06	·由两个易于脱开的部件组成[1,2006.01]
E05D 3/00	有销的铰链[1,2006.01]
E05D 3/02	·用1个销的[1,2006.01]
E05D 3/04	··连接3个或3个以上的部件，例如，用相互之间可活动的套筒将2个或2个以上翼扇与另一个构件连接起来[1,2006.01]
E05D 3/06	·用2个或2个以上销的（E05D 7/08优先）[1,2,2006.01]
E05D 3/08	··用于双摆门的，即可从任何一边推开的[1,2006.01]
E05D 3/10	··用不平行销的[1,2006.01]
E05D 3/12	··用2个平行销和1个臂（E05D 3/08优先）[7,2006.01]
E05D 3/14	··用4个平行销和2个臂（E05D 3/08优先）[7,2006.01]
E05D 3/16	··用7个平行销和2个臂（E05D 3/08优先）[7,2006.01]
E05D 3/18	··用滑动销或导向件（E05D 3/08优先）[7,2006.01]
E05D 5/00	单独部件的构造，例如，连接用的部件[1,2006.01]
E05D 5/02	·连接部件，例如，折页板[1,2006.01]
E05D 5/04	··平折页板[1,2006.01]

E05D 5/06	··弯折页板 [1,2006.01]		E05D 9/00	用特殊材料，例如，箍铁、薄钢板、塑料制作的特别设计的折页板或套筒 [1,2006.01]
E05D 5/08	··圆筒形的 [1,2006.01]			
E05D 5/10	·销、插孔或套筒；可移除的销（E05D 15/522 优先）[1,2,2006.01]		E05D 11/00	铰链的附加特征或附件 [1,2006.01]
E05D 5/12	··将销钉固定于插孔内，可活动或不活动 [1,2006.01]		E05D 11/02	·润滑装置 [1,2006.01]
			E05D 11/04	·关于用活动滚珠作支承面的（E05D 7/06 优先）[1,2006.01]
E05D 5/14	··插孔或套筒的构造 [1,2006.01]		E05D 11/06	·限止铰链开启动作的器件 [1,2006.01]
E05D 5/16	···不用特殊连接件固定于插孔或套筒内的 [1,2006.01]			
E05D 7/00	特殊结构的铰链或枢轴（用于特殊悬挂装置入 E05D 15/00；能自动关闭入 E05F 1/06，E05F 1/12；在转动前即能抬起翼扇入 E05F 7/02）[1,2006.01]		E05D 11/08	·相对活动的铰链部件之间的摩擦器件（E05D 7/086 优先）[1,2,2006.01]
			E05D 11/10	·相对活动的铰链部件之间的阻止活动的器件 [1,2006.01]
			E05D 13/00	用于滑动或提升翼扇的附件，例如，滑轮、安全掣子（平衡器件入 E05F 1/00，E05F 3/00）[1,4,2006.01]
E05D 7/02	·用于左侧也可用于右侧的；可转换的左侧或右侧铰链 [1,2006.01]			
E05D 7/04	·对于翼扇或框可作相应调节的铰链 [1,2006.01]		E05D 15/00	翼扇的悬挂装置（不以支承设施的构造为特征的翼扇布置入 E06B 3/32）[1,2006.01]
E05D 7/06	·可使部件倾斜的铰链 [1,2006.01]			
E05D 7/08	·用于包含了位于翼扇相对两端，特别是顶端和底部的塞栓的悬挂中，例如，耳轴 [1,2006.01]		E05D 15/02	·旋转翼扇用的 [1,2006.01]
			E05D 15/04	·有臂杆固定于翼扇，且翼扇围绕着翼扇外的轴旋转 [1,2006.01]
E05D 7/081	··翼扇的枢轴位于翼扇的一个边缘附近（其制动器件入 E05D 11/08）[2,2006.01]		E05D 15/06	·基本上在其自身平面内作水平滑动的翼扇用的 [1,2006.01]
E05D 7/082	··翼扇的枢轴离翼扇边缘较远 [2,2006.01]		E05D 15/08	··包括 2 个或 2 个以上可各自在其导杆移动的独立部件 [1,2006.01]
E05D 7/083	···有固定枢轴的 [2,2006.01]		E05D 15/10	··可从一平面滑出，进到第二个平行的平面 [1,2006.01]
E05D 7/084	···有活动枢轴的 [2,2006.01]		E05D 15/12	··包括在它们的边缘相接的部件 [1,2006.01]
E05D 7/085	····具有 2 个或 2 个以上枢轴的，例如，同时使用的 [2,2006.01]		E05D 15/14	··在翼扇平面内装有可活动臂杆的 [1,2006.01]
E05D 7/086	····结构上与铰链联结起来的制动器件（窗上用的制动器件本身入 E05F 5/00）[2,2006.01]		E05D 15/16	·基本上在其自身平面内作竖向滑动的翼扇用的 [1,2006.01]
E05D 7/10	·便于在铰链轴上拆卸的部件（铰链代用品入 E05D 1/06）[1,2006.01]		E05D 15/18	··包括 2 个或 2 个以上可各自在其导杆内移动的独立部件 [1,2006.01]
E05D 7/12	·便于将铰链从翼扇或框上卸下的 [1,2006.01]		E05D 15/20	··可从一平面滑出进到第二个平行平面的 [1,2006.01]
E05D 7/14	·保险柜用铰链 [1,2006.01]			

E05D，E05F

E05D 15/22	··允许1个附加的活动 [1,2006.01]	E05D 15/44	··带有回转臂杆和垂直滑动导轨的 [1,2006.01]
E05D 15/24	··包括在它们的边缘相接的部件 [1,2006.01]	E05D 15/46	··带有2对回转臂杆的 [1,2006.01]
E05D 15/26	·用于可折叠翼扇的 [1,2006.01]	E05D 15/48	·可交替活动的（垂直滑动翼扇入 E05D 15/22）[1,2006.01]
E05D 15/28	·支撑在水平平面内能滑动的臂杆上 [1,2006.01]	E05D 15/50	··可在2个相对边的任意一侧开启的 [1,2006.01]
E05D 15/30	·带有回转臂杆和滑动导杆的 [1,2006.01]	E05D 15/52	·可绕垂直及水平轴向开启的 [1,2006.01]
E05D 15/32	··带有2对回转臂杆的 [1,2006.01]	E05D 15/522	··带有供适当回转部件用的脱卸装置 [2,2006.01]
E05D 15/34	···具有平行于自身开启的翼扇 [1,2006.01]	E05D 15/523	···利用活动连杆的 [2,2006.01]
E05D 15/36	·翼扇沿滑道移动，使其一个导向构件沿基本上垂直于另一个导向构件的方向运动 [1,2006.01]	E05D 15/524	····带致动装置的 [2,2006.01]
		E05D 15/526	···带安全装置的 [2,2006.01]
E05D 15/38	··用于向上移动的翼扇，例如，向上移动并翻转的门 [1,2006.01]	E05D 15/54	·可向内也可向外开启的 [1,2006.01]
		E05D 15/56	·可作连续的不同活动的 [1,2006.01]
E05D 15/40	·支承在可于垂直平面内活动的臂杆上 [1,2006.01]	E05D 15/58	··可兼做摇动及滑动动作的 [1,2006.01]
E05D 15/42	··带有回转臂杆和水平滑动导轨的 [1,2006.01]		

E05F 使翼扇移到开启或关闭位置的器件；翼扇调节；其他类目未包括而与翼扇功能有关的零件

<u>附注[4]</u>

本小类中，下列术语的含义为：
- "关闭器"或"开启器"包括帮助翼扇移动或使之平衡的器件。

<u>小类索引</u>

翼扇的开启器、关闭器或调节器 ·················· 1/00，3/00，5/00
翼扇附件 ··· 7/00
翼扇的操纵装置 ··· 9/00 至 17/00

E05F 1/00	在本小类中其他组不包括的翼扇开启器或关闭器 [1,2006.01]		2006.01]
E05F 1/02	·重力启动的 [1,2006.01]	E05F 1/06	···铰链或枢轴形状的装置，由翼扇的重量操纵 [1,2006.01]
E05F 1/04	··用于在活动时提升的翼扇 [1,	E05F 1/08	·弹簧致动的 [1,2006.01]

E05F 1/10	··用于旋转翼扇的［1，2006.01］		的器件相结合的入 E05C 17/00；限止翼扇开启或用在框架与翼扇间延伸的可动构件保持翼扇开启的器件入 E05C 17/04）［1，4，2006.01，2017.01］
E05F 1/12	···铰链或枢轴形状的装置，由弹簧操纵［1，2006.01］		
E05F 1/14	···带有双作用弹簧，例如，能开启和关闭或能调节并关闭［1，2006.01］	E05F 5/02	·专门防止翼扇碰关的装置［1，2006.01］
		E05F 5/04	··手动；靠离心作用控制［1，2006.01］
E05F 1/16	··用于滑动翼扇［4，2006.01］	E05F 5/06	·缓冲器（E05F 5/02 优先）［1，2006.01］
E05F 3/00	带有制动器件的开关器，例如，调节器；气动或液压制动器的结构（非气动或非液压制动器的结构入 E05F 5/00；铰链的摩擦器件入 E05D 11/08）［1，2006.01］	E05F 5/08	··带弹簧的［1，2006.01］
		E05F 5/10	··带活塞制动器的［1，2006.01］
		E05F 5/12	·专门为防止一个翼扇在另一个翼扇还未关闭之前就关闭的装置［1，2006.01］
E05F 3/02	·带有气动活塞闸的（旋转型入 E05F 3/14）［1，2006.01］	E05F 7/00	在本小类其他组中不包含的翼扇部件（专门适用于家具的入 A47B 95/00；门扇提升器入 B66F，E04F 21/00；球形把手或把手入 E05B）［1，2，2006.01］
E05F 3/04	·带有液压活塞闸的（旋转型入 E05F 3/14）［1，2006.01］		
E05F 3/06	··其中扭转弹簧使 1 个部件绕着垂直于活塞轴的枢轴旋转［1，2006.01］	E05F 7/02	·用于转动之前提升翼扇［1，2006.01］
		E05F 7/04	·防止急响的装置（有缓冲作用的入 E05F 5/00）［1，2006.01］
E05F 3/08	··其中扭转弹簧使 1 个部件绕着与活塞轴同一方向的 1 个轴旋转［1，2006.01］	E05F 7/06	·设在铰链轴以外的用于支承翼扇重量的器件［1，2006.01］
E05F 3/10	··带有 1 个非扭转的弹簧和 1 个活塞，二者合用 1 个轴，或 2 个轴在同一方向［1，2006.01］	E05F 7/08	·用于在垂直和水平的滑动杆、棒或缆索之间传递活动的装置（在垂直和水平的滑动杆、棒或缆索间传递活动用以紧固翼扇的装置入 E05C 9/24）［1，2006.01］
E05F 3/12	··带控制液体循环的特殊器件，例如，阀门装置（阀门本身入 F16K）［1，2006.01］		
E05F 3/14	·用旋转型液压制动器的［1，2006.01］		**翼扇的操纵机构**［2］
E05F 3/16	·用摩擦制动器的［1，2006.01］	E05F 9/00	用不在框内或框上导引的手动杆操纵翼扇的装置，包括也操纵紧固器的（翼扇的锁栓或固接器件入 E05C）［1，2006.01］
E05F 3/18	·带反向弹簧的（双作用弹簧入 E05F 1/14）［1，2006.01］		
E05F 3/20	·铰链中的［1，2006.01］		
E05F 3/22	·关闭器中的附加装置，例如，使翼扇保持在开启或其他状态中的装置［1，2006.01］	E05F 11/00	操纵翼扇的手动机构，包括也操纵紧固器用的（用来连接许多翼扇的装置入 E05F 17/00）［1，2006.01］
E05F 5/00	制动器件，例如，调节器；止动器；缓冲器（气动或液压制动器件的构造入 E05F 3/00；制动器件、缓冲器或用于桌子、橱柜或类似家具的抽屉上的端部止动器入 A47B 88/473；与限止翼扇开启	E05F 11/02	·用于一般的翼扇，例如，楣窗（E05F 11/36 优先；用于直落窗入 E05F 11/38；用于门入 E05F 11/54）［1，2006.01］
		E05F 11/04	··采用绳索、链条或缆索的［1，2006.01］

E05F

E05F 11/06	···设置在导槽内的 [1, 2006.01]	E05F 11/42	·由齿条齿轮操纵 [1, 2006.01]
E05F 11/08	··带有，例如，由装在框内或框上的回转连杆导引的纵向活动的杆件 [1, 2006.01]	E05F 11/44	·由1个或1个以上的提升杆操纵的 [1, 2006.01]
E05F 11/10	···用1个把手移动杆件的机构 [1, 2006.01]	E05F 11/46	·由惰钳装置操纵的 [1, 2006.01]
E05F 11/12	···用杆件移动翼扇的机构 [1, 2006.01]	E05F 11/48	·由绳索或链条操纵的 [1, 2006.01]
E05F 11/14	····能直接地，即不用连杆移动翼扇的装置，例如，用齿条和齿轮或销和槽 [1, 2006.01]	E05F 11/50	·带有离合器或止动闸的曲轴传动装置，用于操纵窗户机构 [1, 2006.01]
E05F 11/16	····通过回转连接的构件在垂直于翼扇回转轴的平面内移动来移动翼扇 [1, 2006.01]	E05F 11/52	·与1个可产生附带运动的器件相结合，例如，能作水平或旋转运动 [1, 2006.01]
E05F 11/18	·····仅由1个杠杆组成，例如，1个角杠杆 [1, 2006.01]	E05F 11/53	·用于滑动窗的，例如，水平滑动开启或关闭的车窗 [2, 2006.01]
E05F 11/20	·····由1个杠杆，例如，1个角杠杆和1个附加连杆组成 [1, 2006.01]	E05F 11/54	·用于门的 [1, 2006.01]
E05F 11/22	·····由1个杠杆，例如，1个角杠杆和2个或2个以上的附加连杆组成 [1, 2006.01]	E05F 13/00	**由人或车辆的活动或重力操纵的翼扇操纵机构**（用动力操纵的翼扇操纵装置入 E05F 15/00）[1, 2006.01]
E05F 11/24	····通过回转连接的构件在平行于翼扇回转轴的平面内移动来移动翼扇 [1, 2006.01]	E05F 13/02	·用使用者的活动操纵的器件，例如，杠杆臂 [1, 2006.01]
E05F 11/26	·····由1个杠杆，例如，1个角杠杆组成 [1, 2006.01]	E05F 13/04	·用靠使用者的重量而下降的平台 [1, 2006.01]
E05F 11/28	·····由1个杠杆，例如，1个角杠杆和1个或多个附加连杆组成 [1, 2006.01]	E05F 15/00	**翼扇的动力操纵机构**（锁中电机操纵的附件，用于完成翼扇的关闭或启动翼扇的打开入 E05B 17/00）[1, 2006.01, 2015.01]
E05F 11/30	·····由菱形连杆组成 [1, 2006.01]	E05F 15/40	·安全装置，例如，检测障碍物或结束位置 [2015.01]
E05F 11/32	··采用在框内导向的回转连杆（E05F 11/34 优先）[1, 2006.01]	E05F 15/41	··通过监测传递的力或力矩的检测（E05F 15/48 优先）；依靠力矩或力激活的安全联轴器，例如，滑动联轴器 [2015.01]
E05F 11/34	··带有螺旋机构 [1, 2006.01]	E05F 15/42	··使用安全的边缘检测 [2015.01]
E05F 11/36	·专门设计以通过墙体 [1, 2006.01]	E05F 15/43	···响应于能量束的中断，例如，光、声 [2015.01]
E05F 11/38	·用于滑动窗的，例如，垂直滑动开启或关闭的车窗 [1, 2006.01]	E05F 15/44	···响应于电导率的改变 [2015.01]
		E05F 15/46	···响应于电容量的改变 [2015.01]
		E05F 15/47	···响应于液压的改变 [2015.01]
E05F 11/40	·由螺旋机构操纵 [1, 2006.01]	E05F 15/48	··通过传递机械力，例如，通过刚性的或可动的部件 [2015.01]

E05F 15/49	··专门适用于液压操纵机构,例如,通过监控传递液压的检测（E05F 15/47优先）[2015.01]
E05F 15/50	·利用液压致动器[2015.01]
E05F 15/51	··用于折叠翼扇[2015.01]
E05F 15/53	··用于摆动翼扇[2015.01]
E05F 15/54	···由作用于摆动轴同轴的螺旋轨道的线性致动器操纵[2015.01]
E05F 15/56	··用于水平滑动的翼扇[2015.01]
E05F 15/57	··用于垂直滑动的翼扇[2015.01]
E05F 15/59	··用于高架翼扇[2015.01]
E05F 15/60	·利用电动致动器[2015.01]
E05F 15/603	··采用旋转式电动机的[2015.01]
E05F 15/605	···用于折叠翼扇[2015.01]
E05F 15/608	···用于旋转翼扇[2015.01]
E05F 15/611	···用于摆动翼扇[2015.01]
E05F 15/614	····通过啮合齿轮操纵,其中一个安装在翼扇枢轴上；通过直接作用于翼扇枢轴的马达操纵[2015.01]
E05F 15/616	····通过推拉机构操纵[2015.01]
E05F 15/619	·····利用柔性或刚性的齿条齿轮装置[2015.01]
E05F 15/622	·····利用丝杠螺母机构[2015.01]
E05F 15/624	·····利用摩擦轮[2015.01]
E05F 15/627	·····通过柔性可伸长的拉拔元件操纵,例如,带子、链条或绳索（利用柔性可伸长推拉机构入E05F 15/619）[2015.01]
E05F 15/63	····通过摆臂操纵[2015.01]
E05F 15/632	···用于水平滑动翼扇[2015.01]
E05F 15/635	····通过推拉机构操纵,例如,柔性或刚性的齿条齿轮装置（E05F 15/652优先）[2015.01]
E05F 15/638	·····允许或涉及翼扇的次要活动,例如,转动或横移[2015.01]
E05F 15/641	·····通过摩擦轮操纵[2015.01]
E05F 15/643	·····通过柔性可伸长的拉拔元件操纵,例如,带子、链条或绳索（利用柔性可伸长推拉机构入E05F 15/635）[2015.01]
E05F 15/646	······允许或涉及翼扇的次要活动,例如,转动或横移[2015.01]
E05F 15/649	····通过摆臂操纵[2015.01]
E05F 15/652	····利用丝杠螺母机构[2015.01]
E05F 15/655	····专门适用于车辆翼扇[2015.01]
E05F 15/657	····能够人工驱动,例如,在电力失效的情况下[2015.01]
E05F 15/659	····所用控制回路[2015.01]
E05F 15/662	····所用电机装置,例如,齿轮电机[2015.01]
E05F 15/665	···用于垂直滑动翼扇[2015.01]
E05F 15/668	···用于高架翼扇[2015.01]
E05F 15/67	···通过柔性或刚性的齿条齿轮装置操纵[2015.01]
E05F 15/673	····通过丝杠螺母机构操纵[2015.01]
E05F 15/676	····用摩擦轮操作[2015.01]
E05F 15/678	····用摆动杆操作[2015.01]
E05F 15/681	····通过柔性可伸长的拉拔元件操纵,例如,带子[2015.01]
E05F 15/684	·····用链条[2015.01]
E05F 15/686	·····用缆索或绳索[2015.01]
E05F 15/689	····专门适用于车窗的[2015.01]
E05F 15/692	····能够人工驱动的,例如,在电力失效的情况下[2015.01]
E05F 15/695	····所用控制回路[2015.01]
E05F 15/697	····所用电机装置,例如,齿轮电机[2015.01]
E05F 15/70	·具有自动驱动的[2015.01]
E05F 15/71	··响应于温度变化、雨、风或噪声[2015.01]
E05F 15/72	··响应于紧急情况,例如,火[2015.01]
E05F 15/73	··响应于人或物体的运动或存在[2015.01]

E05F 15/74 · · · 使用光电池 [2015.01]

E05F 15/75 · · 响应于人或物体的重量或其他物理接触 [2015.01]

E05F 15/76 · · 响应于人或物体携带的装置，例如，磁体或反射器（E05F 15/77优先）[2015.01]

E05F 15/77 · · 使用无线控制 [2015.01]

E05F 15/78 · · · 使用光束 [2015.01]

E05F 15/79 · · 使用时间控制 [2015.01]

E05F 17/00 用于同时操纵多个翼扇使其移动的特殊器件（同时开动几个互相连接的通风薄板入E06B 7/086）[1, 2, 2006.01]

E05G 贵重物品保险箱或保险库；银行用的保险装置；安全交易隔板（警报装置本身入G08B）[2]

附注 [2]

在本小类中，下列术语和用词的含义为：
- "银行"是指一座建筑物或一座建筑物的一部分用来保管贵重物品或作为银行与客户之间进行贵重物品交易之所；
- "银行保险装置"是指安装在银行里的机械装置，用来保护贵重物品或防止盗窃或暴力抢劫。

E05G 1/00 用来存放贵重物品的保险箱或保险库（储蓄箱入A45C 1/12；能浮动的保险箱入B63C 7/30；无防火防盗设备的贮藏室入B65D；一般的银行建筑，例如，单元结构、地板入E04H 1/06；抗震或防止战争破坏的建筑物入E04H 9/00）[1, 2006.01]

E05G 1/02 · 细部构件（保险箱的铰链入E05D 7/14）[1, 2006.01]

E05G 1/024 · · 墙或壁板结构 [2, 2006.01]

E05G 1/026 · · 闭合装置（防止空袭或其他战争破坏的保险门、窗或类似的闭合装置入E06B 5/10；百叶窗、移动式栅栏、其他安全闭合装置入E06B 9/02）[2, 2006.01]

E05G 1/04 · · 闭合装置的固接件（锁入E05B）[1, 2006.01]

E05G 1/06 · 具有用于多隔仓的设备 [2, 2006.01]

E05G 1/08 · 单独固定 [2, 2006.01]

E05G 1/10 · 带有警报、信号或指示器的（防盗窃或侵袭的报警器本身入G08B 13/00；防火或防爆报警器本身入G08B 17/00）[2, 2006.01]

E05G 1/12 · 带有释放、产生或撒布液体材料的装置，例如，防火或灭火装置（E05G 1/14优先；用烟、气、粉末或液体来对盗贼或入侵者进行辨认、恫吓或使丧失能力入G08B 15/02）[2, 6, 2006.01]

E05G 1/14 · 带有在贵重物上打标记或破坏贵重物的装置，例如，在偷盗情形下 [6, 2006.01]

E05G 5/00 银行保护器件（E05G 1/12，E05G 7/00优先；闭路电视系统入H04N 7/18）[2, 2006.01]

E05G 5/02 · 捕捉或监禁设施（一般的使盗贼丧失能力的设施入G08B 15/00）[2, 2006.01]

E05G 7/00 安全交易隔板，例如，移动式交付隔板（没有安全装置的交付柜台，例如，用于超级市场的入A47F 9/02）[2, 2006.01]

E06 一般的门、窗、百叶窗或卷辊遮帘；梯子

E06B 在建筑物、车辆、围栏或类似围绕物的开口处用的固定式或移动式闭合装置，例如，门、窗、遮帘、栅门（暖房用的遮阳板或百叶窗入 A01G 9/22；窗帘入 A47H；汽车行李箱或保护罩的盖入 B62D 25/10；天窗入 E04B 7/18；遮阳、凉篷入 E04F 10/00）

附注 [2, 3]

1. 本小类中不包括与 E05 类中所列的操纵、装配、碰锁或锁闭等器件相组合的翼扇和框架，这些都已包括在 E05 各相应的小类中，但本小类的 E06B 7/086、E06B 9/00 或 E06B 11/02 各组所包括的除外。
2. 本小类中，下列术语或用词含义为：
    - "翼扇"指的是用来闭合一个开口的一种可转动、滑动或作其他形式移动的部件，如门或窗；
    - "翼扇框"指的是翼扇外围周边框或其边外框所限定的边缘。
3. 供车辆用的门或窗装置，请注意小类 B60J 类名下面的附注 1。

小类索引

周边构造	1/00
闭合孔口用的部件	3/00，5/00
特殊装置	7/00，9/00
允许通过围栏的设置	11/00

E06B 1/00　墙、楼板或天花板上开口的边框结构；刚性地安装在这种开口中的框（E06B 5/00 优先；也与内框或翼扇框有关的特征，只与内框的安装有关的特征入 E06B 3/00；拐角接头或边接头入 E06B 3/96） [1,4,2006.01]

E06B 1/02　·基框，即用于墙体或类似物的开口中的模框，用来固定一个较为刚性装配的框架；专门适合于此种用途的框架 [1,2006.01]

E06B 1/04　·装在门、窗或类似物的开口中的框架（专门适合于装在基框内入 E06B 1/02；专门装玻璃或其他薄板用的框架入 E06B 3/00） [1,2006.01]

E06B 1/06　··木框 [1,2006.01]

E06B 1/08　··依据框架本身断面，由几个不同部件组成 [1,2006.01]

E06B 1/10　···可根据墙的厚度调整 [1,2006.01]

E06B 1/12　·金属框 [1,2006.01]

E06B 1/14　··特殊断面（E06B 1/18，E06B 1/22 优先）[1,2006.01]

E06B 1/16　··空心框 [1,2006.01]

E06B 1/18　··依据框架本身断面，由几个不同部件组成 [1,2006.01]

E06B 1/20　···可根据墙体的厚度调整 [1,2006.01]

E06B 1/22　···带有特殊形式的整体门槛的 [1,2006.01]

E06B

E06B 1/24	··用天然石、混凝土或其他类似石的材料制的框架 [1,2006.01]
E06B 1/26	··塑料框 [1,2006.01]
E06B 1/28	···空心框（E06B 1/30 优先）[1,2006.01]
E06B 1/30	···依据框架本身断面，由几个不同部件组成的 [1,2006.01]
E06B 1/32	··由不同材料制成的部件组成的框架 [1,2006.01]
E06B 1/34	·饰面，例如，为了防御天气变化，或者为了装饰的需要 [1,2006.01]
E06B 1/36	·只用于窗户的框 [1,2006.01]
E06B 1/38	··商店窗、展品橱窗或类似大窗户用的 [1,2006.01]
E06B 1/40	··带有可拆卸供镶嵌玻璃用的部件的框架（E06B 1/38 优先）[1,2006.01]
E06B 1/52	·专门适用于门的框 [1,2006.01]
E06B 1/56	·框与开口边缘的固接 [1,2006.01]
E06B 1/58	··利用对接缝的填塞，例如，利用灌水泥浆 [1,2006.01]
E06B 1/60	··利用机械方法，例如，锚固设施 [1,2006.01]
E06B 1/62	·框和开口边缘之间接缝的紧固或覆盖（E06B 1/34 优先）[1,2006.01]
E06B 1/64	··采用松散填入物，例如，板条、弹性榫 [1,2006.01]
E06B 1/66	··采用曲径式密封 [1,2006.01]
E06B 1/68	··采用定型的外用覆盖部件 [1,2006.01]
E06B 1/70	·窗台；门槛 [1,2006.01]
E06B 3/00	用于闭合开口的窗扇、门扇或类似构件；固定或活动式闭合器件的布置，例如窗户；用来安装翼扇框的刚性配置的外框（E06B 5/00 优先；百叶窗或类似窗入 E06B 9/00；窗玻璃入 C03；玻璃板的熔融结合入 C03B 23/203；玻璃与玻璃或者玻璃与其他无机材料的非熔融结合入 C03C 27/00）[1,2006.01]
E06B 3/01	·用于飞机库或其他厅堂建筑中的可拆卸或消除的墙，例如，供飞机用（墙体结构入 E04B 2/00）[1,2006.01]
E06B 3/02	·全玻璃制翼扇 [1,2006.01]
E06B 3/04	·不以移动方式为特征的翼扇框架（有关翼扇移动方式入 E06B 3/32）[1,2006.01]
E06B 3/06	··单框 [1,2006.01]
E06B 3/08	···依靠特定材料的框架构造（E06B 3/24 优先）[1,2006.01]
E06B 3/10	····木制 [1,2006.01]
E06B 3/12	····金属制 [1,2006.01]
E06B 3/14	·····特殊断面 [1,2006.01]
E06B 3/16	·····空心框 [1,2006.01]
E06B 3/18	····用混凝土或其他类似石的材料制 [1,2006.01]
E06B 3/20	····塑料制 [1,2006.01]
E06B 3/22	·····空心框 [1,2006.01]
E06B 3/24	···专门适用于嵌双层玻璃的（固定玻璃用的可拆式配件入 E06B 3/64）[1,2006.01]
E06B 3/26	··组合框架，即一个框架放在另一个框架内或装在另一个框架后（E06B 3/263，E06B 3/28 优先；移动式框架的布置入 E06B 3/32）[1,2006.01]
E06B 3/263	·带有特殊隔绝结构的框架 [6,2006.01]
E06B 3/267	··带有现场形成的隔绝件 [6,2006.01]
E06B 3/273	··带有借助部分框架部件的变形固定就位的预制隔绝件 [6,2006.01]
E06B 3/277	··带有借助隔绝件膨胀固定就位的预制隔绝件 [6,2006.01]
E06B 3/28	··带有附加的可拆卸的窗玻璃或类似物的，带边框或不带边框 [1,2006.01]
E06B 3/30	·覆盖物，例如，为了防御气候变化或装饰需要 [1,2006.01]

E06B 3/32	·以移动方式为特征的翼扇的布置；活动式翼扇在开口处的布置；仅和翼扇移动方式有关的翼扇或框架的特征［1,3,2006.01］
E06B 3/34	··只有一种移动方式（E06B 3/48优先）［1,2006.01］
E06B 3/36	···在开口的一侧采用单根垂直回转轴，或在开口内转动（开启前需要提升的翼扇入E06B 3/52）［1,2006.01］
E06B 3/38	···在开口顶部或底部设有一个水平回转轴［1,2006.01］
E06B 3/40	···采用一个垂直或水平回转轴，设置位置不是在开口的一侧，例如，翻转翼扇［1,2006.01］
E06B 3/42	···滑动翼扇；与导向有关的框架的部件［1,2006.01］
E06B 3/44	····垂直滑动翼扇［1,2006.01］
E06B 3/46	····水平滑动翼扇［1,2006.01］
E06B 3/48	···在边缘连接的翼扇，例如，可折叠的翼扇［1,2006.01］
E06B 3/50	··有一种以上移动方式的（E06B 3/48优先）［1,2006.01］
E06B 3/52	···开启前需要提升的翼扇［1,2006.01］
E06B 3/54	·窗玻璃或类似平板的安装［1,2006.01］
E06B 3/56	··只用油灰、水泥或胶黏剂（E06B 3/64优先）［1,2006.01］
E06B 3/58	··采用边框、夹条或类似措施（E06B 3/64优先）［1,2006.01］
E06B 3/60	···用金属夹条［1,2006.01］
E06B 3/62	···用橡皮类的弹性夹条［1,2006.01］
E06B 3/64	··在一个框架内安装一块以上窗玻璃［1,2006.01］
E06B 3/66	··两块或两块以上平行的玻璃或类似平板按一定间距构成一个整体件，该些平板永久固定在一起，例如，沿边缘（主要包括层板玻璃的叠层制品入B32B 17/00；玻璃涂层入C03C 17/00）［1,2006.01］
E06B 3/663	···间隔开平板的部件［6,2006.01］
E06B 3/667	···其所用连接件［6,2006.01］
E06B 3/67	··以隔热或隔音的附加件或装置为特征的［6,2006.01］
E06B 3/673	··整体件的装配（E06B 3/677优先）［6,2006.01］
E06B 3/677	··平板之间缝隙的开挖或填充；平板之间缝隙中冷凝现象的防止（借助间隔部件入E06B 3/663）；平板之间缝隙的清洁［6,2006.01］
E06B 3/68	·窗闩［1,2006.01］
E06B 3/70	·门扇（翼扇边框入E06B 3/04）［1,2006.01］
E06B 3/72	··带框架与门心板［1,2006.01］
E06B 3/74	···用木门心板［1,2006.01］
E06B 3/76	···用金属门心板［1,2006.01］
E06B 3/78	···用塑料门心板［1,2006.01］
E06B 3/80	··活接的［1,2006.01］
E06B 3/82	··平面门，即表面完全是齐平的（E06B 3/02优先）［1,2006.01］
E06B 3/84	···胶合板的［1,2006.01］
E06B 3/86	···塑料的［1,2006.01］
E06B 3/88	··保护门扇边缘的器件（门或窗用的护手板入E06B 7/36）［1,2006.01］
E06B 3/90	·旋转门；其所用笼架或外框（回转栏入E06B 11/08）［1,2006.01］
E06B 3/92	·定位后可以拉伸的门或窗（滑动式窗扇入E06B 3/42；可折叠翼扇入E06B 3/48；可卷起的墙口闭合部件，例如，百叶窗入E06B 9/08）［1,2006.01］
E06B 3/94	··风箱式门［1,2006.01］
E06B 3/96	·窗、门或类似的框架或翼扇的拐角接头或边接头［4,2006.01］
E06B 3/964	··使用独立的连接件，例如，T形连接件（E06B 3/984，E06B 3/988，E06B 3/99优先）［5,2006.01］
E06B 3/968	···以连接件固定在框架杆件上或

	框架杆件内的方式为特征［5，2006.01］	E06B 5/18	··防御有害辐射（防热入 E06B 5/16）［1，2006.01］
E06B 3/972	···以增加连接件的横截面为特征，例如，用楔子扩展连接件（E06B 3/976 优先）［5，2006.01］	E06B 5/20	·隔音用［1，2006.01］
		E06B 7/00	与门窗有关的特殊设备或措施（遮板或类似保护措施入 E06B 9/00）［1，2006.01］
E06B 3/976	···以框架杆件的变形为特征的［5，2006.01］	E06B 7/02	·提供通风，例如，采用双窗；通风圆花窗的设置（控制气流的设施本身入 F24F 13/08）［1，2006.01］
E06B 3/98	··专门适用于使框架杆件互相靠近的连接件（E06B 3/972，E06B 3/976 优先）［5，2006.01］	E06B 7/03	··嵌入向上滑动的窗下通风设备（雨或风遮板入 E06B 7/26）［1，2006.01］
E06B 3/984	··专门适用于木制框架杆件或以同样方式工作的其他材料制的框架杆件（E06B 3/99 优先）［5，2006.01］	E06B 7/04	··采用通风翼片（E06B 7/08 优先）［1，2006.01］
		E06B 7/06	···只用一个通风翼片［1，2006.01］
E06B 3/988	··专门适用于金属薄板或类似的薄板材料制成的框架杆件，并具有一般开口的 U 形横截面，例如，用于门框杆件［5，2006.01］	E06B 7/08	·百叶门、百叶窗或百叶格栅［1，2006.01］
		E06B 7/082	··采用固定式或滑动式薄板的［1，2006.01］
		E06B 7/084	··采用回转式薄板的［1，2006.01］
E06B 3/99	··用于互相交叉并没有间断的连续框架杆件（窗杆入 E06B 3/68）［5，2006.01］	E06B 7/086	···相互连接以同时动作［2，2006.01］
		E06B 7/088	····表面带有保护格栅或安全设施［1，2006.01］
E06B 5/00	特殊用途的门、窗或类似闭合物；所用周边结构［1，2006.01］	E06B 7/09	····装设在活动翼扇上，例如，门上［1，2006.01］
E06B 5/01	·活板门［1，2006.01］		
E06B 5/02	·外围建筑或地下室用的；其他非用于密闭的简单闭合物［1，2006.01］	E06B 7/092	····可以在两个或两个以上的不同定位上操纵的［1，2006.01］
E06B 5/04	··有固定的木框［1，2006.01］	E06B 7/094	····可顺序动作的；以有附加单独动作为特征的［1，2006.01］
E06B 5/06	··有固定的金属框［1，2006.01］		
E06B 5/08	··用混凝土、类似石的材料或塑料制成的固定框架［1，2006.01］	E06B 7/096	····用齿轮动作或相互连接（一般以齿轮动作的翼扇操纵器入 E05F 11/00）［1，2006.01］
E06B 5/10	·用于防空袭或其他战争破坏的；用于其他防护用途的［1，2006.01］		
E06B 5/11	·防止盗窃［6，2006.01］		
E06B 5/12	·为了防气压、爆炸或气体用的门［1，2006.01］	E06B 7/098	····带有防风雨的封闭层［1，2006.01］
E06B 5/14	·防毒气门或类似闭合装置；所用适合的固定构件［1，2006.01］	E06B 7/10	···采用框架杆件的特殊结构［1，2006.01］
E06B 5/16	·防火门或类似闭合装置；所用适合的固定构件［1，2006.01］		

E06B 7/12	·防止产生冷凝水的措施（双层玻璃入E06B 3/24 至 E06B 3/28，E06B 3/64，E06B 3/66；专门适用于透明的或反射的地段的供热设施入H05B 3/84）[1,2006.01]	E06B 7/34	··带有碗柜的门（一般柜子入A47B）[1,2006.01]
		E06B 7/36	··护手板[7,2006.01]
E06B 7/14	·排去冷凝水或渗入水的措施[1,2006.01]	**E06B 9/00**	**用于开口的遮板或保护装置，带或不带有操作或固定用机构；类似构造的闭合物**（E06B 5/10 优先；在边缘部分连接的，用作门或窗的翼扇入E06B 3/48；不属于建筑物正常装修的室内门窗的附属室内设备，例如，窗帘入A47H；作为建筑构件的格栅入E04C 2/42；锁，所用附件入E05B；翼扇的插销或固接件入E05C；一般翼扇的操作机构入E05F）[1,2006.01]
E06B 7/16	·在翼扇或与翼扇共同动作的构件上的封闭措施（E06B 7/098 优先）[1,2,2006.01]		
E06B 7/18	··采用活动边缘，例如，利用外加挡风条作栓接件[1,2006.01]		
E06B 7/20	··在翼扇开启时能自动收回[1,2006.01]	E06B 9/01	·安装在墙、门、窗上的格栅；与门窗一起移动的格栅；格栅式的墙，例如，回廊的栏栅[1,2006.01]
E06B 7/205	···带有装置在槛上的封闭条[1,2006.01]	E06B 9/02	·百叶窗、移动式格栅或其他安全关闭器件，例如，用于防盗（百叶窗或百叶格栅入E06B 7/08；薄板条遮阳屏入E06B 9/26）[1,2006.01]
E06B 7/21	···带有可在翼扇平面内活动的封闭条[1,2006.01]		
E06B 7/215	····用弹性装置使封闭条移动到收回的位置，例如，弹簧[1,2006.01]	E06B 9/04	··翼扇式的，例如，旋转或滑动的[1,2006.01]
E06B 7/22	··采用弹性边条，例如，弹性橡皮管；采用能回弹的边条，例如，毛毡或长毛绒条、弹性金属条（E06B 7/18 优先）[1,2006.01]	E06B 9/06	··可拆卸或可折叠式的，例如，风箱式或惰钳式（风箱式门入E06B 3/94；可卷式格栅入E06B 9/18）[1,2006.01]
E06B 7/23	···塑料、海绵橡皮或类似材料的条或管[1,2006.01]	E06B 9/08	··可卷式闭合装置（卷帘式遮阳物入E06B 9/40；用于可卷式闭合装置的操纵、导向或固定的设施或设备入E06B 9/56；仅用作遮篷入E04F 10/06）[1,5,2006.01]
E06B 7/232	···用坚硬材料制成的能回弹的条，例如，用金属[1,2006.01]		
E06B 7/24	··不用单独的密封措施，例如，用曲径式密封[1,2006.01]		
E06B 7/26	·雨或风遮板，例如，装置在滑动翼扇下[1,2006.01]	E06B 9/11	···可卷式百叶窗[5,2006.01]
E06B 7/28	·门窗上的其他装置，例如，门板、适于放花草的窗、擦窗器的钩子[1,2006.01]	E06B 9/13	····采用整块式关闭部件，例如，瓦垅金属薄板[5,2006.01]
		E06B 9/15	····采用板条状或类似的关闭部件[5,2006.01]
E06B 7/30	··窥视孔；通话器件；带窗的门[1,2006.01]	E06B 9/165	·····采用相互重叠的板条；采用可改变相互之间的距离的板条[5,2006.01]
E06B 7/32	··服务用门；穿越式门[1,2006.01]	E06B 9/17	····卷式百叶窗的部件和细部构

E06B

	件，例如，悬挂器件、百叶窗匣、便门、通风口 [1, 5, 2006.01]		向的提升索 [1,2006.01]
E06B 9/171	·····其所用卷辊；卷辊式百叶窗与卷辊的紧固 [1, 5, 2006.01]	E06B 9/306	······带有沿倾斜杆方向被导向的提升索 [1,2006.01]
E06B 9/172	······采用夹紧杆 [1,2006.01]	E06B 9/307	······倾斜杆的细部构件及其操纵方法 [1,2006.01]
E06B 9/173	······采用接合器或按扣 [1, 2006.01]	E06B 9/308	······带有共轴的倾斜杆及提升轴 [1,2006.01]
E06B 9/174	······所用专用轴承 [1, 5, 2006.01]	E06B 9/32	····其所用操纵、导向或固定器具（倾斜杆的操纵入 E06B 9/307）[1,2006.01]
E06B 9/18	···卷式格子窗 [1,5,2006.01]	E06B 9/322	·····操纵装置的细部构件，例如，滑轮、闸、弹簧圆筒、驱动器（有关专门适用于或安装供贮存和重复放出及再贮存各种长度的材料的一般设施入 B65H 75/34）[1, 2006.01]
E06B 9/24	··供防光，尤其是防阳光的屏帘或其他构造；为隐蔽或显露用的类似屏帘（用于可卷式的闭合装置的操纵、导向或固定的设施或设备入 E06B 9/56；自由悬挂柔性的屏帘入 A47H 23/00）[1,2006.01]		
E06B 9/26	··薄板条或类似的遮帘，例如，软百叶帘 [1,2006.01]	E06B 9/323	·····上部匣子的结构或支撑措施 [1,2006.01]
E06B 9/262	···相互柔性连接的横向或纵向板条；手风琴式的百叶帘 [1, 2006.01]	E06B 9/324	·····绳索锁定器 [1,2006.01]
		E06B 9/325	·····防止提升的固定器件 [1,2006.01]
E06B 9/264	···薄板条遮帘与卷帘、纱窗、窗或双层玻璃窗的组合；带有特殊装置的板条遮帘 [1,2006.01]	E06B 9/326	·····绳索细部构件，例如，扣件、牵引捏手 [1, 2006.01]
E06B 9/266	···制作或安装板条遮帘或其部件的器具或附件 [1,3,2006.01]	E06B 9/327	·····带有横板条的可提升薄板条遮阳的导向件 [1, 2006.01]
E06B 9/28	···用一些横向薄板条，例如，不能升降的（百叶窗或百叶格栅入 E06B 7/08）[1,2006.01]	E06B 9/34	····卷辊式 [1,2006.01]
		E06B 9/36	···采用竖向板条 [1,2006.01]
E06B 9/30	····可升降的 [1,2006.01]	E06B 9/38	··其他细部构件 [1,2006.01]
E06B 9/302	·····没有梯状带的，例如，采用惰钳、螺旋轴杆 [1, 2006.01]	E06B 9/382	···阶梯状带子或阶梯状环链的细部构件，例如，局部缩短带子的扣件 [1,2006.01]
E06B 9/303	·····有梯状带的 [1,2006.01]	E06B 9/384	···板条和薄板相互连接或相互作用的细部构件 [1,2006.01]
E06B 9/304	······带有倾斜杆及单独提升轴的 [1,2006.01]	E06B 9/386	···板条的细部构件 [1,2006.01]
E06B 9/305	······带有倾斜杆及沿固定杆导	E06B 9/388	···底部或顶部板条的细部构件

— 88 —

	或其附件 [1,2006.01]		[5,2006.01]
E06B 9/40	··卷帘（仅能用作遮篷入 E04F 10/06）[5,2006.01]	E06B 9/72	···含有装在卷辊内部的电动机 [5,2006.01]
E06B 9/42	···卷帘的部件或细部构件，例如，悬挂设施、百叶窗匣（卷帘和拉起式窗帘的支撑或可调装置入 A47H 1/13）[5,2006.01]	E06B 9/74	···适合于可选择电动或手动操作 [5,2006.01]
		E06B 9/76	···采用曲柄把手 [5,2006.01]
		E06B 9/78	·直接手动操作，例如，用丝带、用把手 [5,2006.01]
E06B 9/44	····其所用卷辊；把卷帘式遮阳紧固到卷辊上 [5,2006.01]	E06B 9/80	··防止掉落或未被许可的开启；制动或使不动的设施；用于限制展开的设施（用于直接手动操作的固定设施或设备入 E06B 9/78）[5,2006.01]
E06B 9/46	····用夹固杆 [5,2006.01]
E06B 9/48	····用扣紧器或按扣 [5,2006.01]
E06B 9/50	····其所用专用轴承 [5,2006.01]
E06B 9/52	·防昆虫的器具，例如，防蝇纱窗；作其他用途的纱窗 [1,2006.01]	E06B 9/82	···自动的 [5,2006.01]
		E06B 9/84	···防止掉落 [5,2006.01]
E06B 9/54	··卷辊式防蝇纱窗（其操纵、导向或紧固设施入 E06B 9/56）[2,5,2006.01]	E06B 9/86	···防止未被许可的开启 [5,2006.01]
		E06B 9/88	···用于限制展开 [5,2006.01]
E06B 9/56	·用于可卷式闭合装置的操纵、导向或紧固的设施或设备；发条盒；带盒；其平衡设施（有关专门适用于或安装供贮存和重复放出及再贮存各种长度的材料的一般设施入 B65H 75/34）[5,2006.01]	E06B 9/90	···用于在不同选择的位置上关闭杆件的制动 [5,2006.01]
		E06B 9/92	··可使关闭器移至洞口平面外的设施 [5,2006.01]
		E06B 11/00	用于允许通过围栏、栅栏或类似物的设置，例如，栅栏门（一般特征的门入 E06B 1/00 至 E06B 9/00）[1,2006.01]
E06B 9/58	··导向装置 [5,2006.01]
E06B 9/60	··仅由闭合杆件操纵的发条盒 [5,2006.01]	E06B 11/02	·大门；门 [1,2006.01]
		E06B 11/04	··以悬挂的种类为特征的（悬挂装置本身入 E05D）[1,2006.01]
E06B 9/62	··平衡设施（E06B 9/60 优先）[5,2006.01]
E06B 9/64	··具有可降低的卷辊 [5,2006.01]	E06B 11/06	··以紧固的种类为特征的（翼扇固接器件入 E05C）[1,2006.01]
E06B 9/66	··具有装在底部的卷辊 [5,2006.01]
E06B 9/68	··操纵装置或机构，例如，用电驱动 [5,2006.01]	E06B 11/08	·旋转栅门（车辆上的入 B60N 5/00；带有登记装置的入 G07C 9/10）[1,2006.01]
E06B 9/70	···含有装在卷辊外部的电动机		

E06C 梯子（E04F 11/00 优先；阶梯式凳子入 A47C 12/00；船上用梯入 B63B，飞机用梯入 B64；脚手架入 E04G）[5，6]

E06C 1/00　　一般梯子（装在底架或车辆上的入 E06C 5/00；永久性地装在固定结构上的入 E06C 9/00）[1，2006.01]

E06C 1/02　　・有纵向固定的一个或多个部件 [1，2006.01]

E06C 1/04　　・・靠在物体上的梯子，例如，靠在墙、杆、树上（梯子端头的支撑入 E06C 7/48）[1，2006.01]

E06C 1/06　　・・・整体的 [1，2006.01]

E06C 1/08　　・・・多部件的 [1，2006.01]

E06C 1/10　　・・・・端头相互联结的 [1，2006.01]

E06C 1/12　　・・・・可延伸的，例如，伸缩式的 [1，2006.01]

E06C 1/14　　・・自立式梯子 [1，2006.01]

E06C 1/16　　・・・带有立地式支柱的（梯上带有固接支杆的入 E06C 1/24；带有平台的入 E06C 1/39）[1，2006.01]

E06C 1/18　　・・・・带梯式支柱的 [1，2006.01]

E06C 1/20　　・・・・带竿式支柱的 [1，2006.01]

E06C 1/22　　・・・・可延伸的，例如，伸缩式的，梯部件或支柱 [1，2006.01]

E06C 1/24　　・・・独立式梯子 [1，2006.01]

E06C 1/26　　・・・・整体的 [1，2006.01]

E06C 1/28　　・・・・多部件的（带有可移动梯式支柱的入 E06C 1/18）[1，2006.01]

E06C 1/30　　・・・・・可延伸的，例如，伸缩式的 [1，2006.01]

E06C 1/32　　・带有能与梯子装配在一条直线上的梯式支柱的梯子 [1，2006.01]

E06C 1/34　　・可以装设在建筑物构件，例如，窗、挑檐、支杆或类似物上面的梯子（永久性固定在结构物上的梯子入 E06C 9/00）[1，2006.01]

E06C 1/36　　・・用钩子或其他类似物悬挂的梯子 [1，2006.01]

E06C 1/38　　・梯子的特殊构造，例如，有多于或少于 2 个纵向部件的梯子，带有移动式梯级或其他形式的踏板、可纵向折叠的梯子 [1，2006.01]

E06C 1/383　　・・折叠式梯子，折叠时纵向部件可叠起来 [1，2006.01]

E06C 1/387　　・・带有可翻倒踏板 [1，2006.01]

E06C 1/39　　・・带平台的梯子；可变成平台的梯子（梯子上用的平台入 E06C 7/16）[1，2006.01]

E06C 1/393　　・・・平台可与梯子一起折叠的梯子 [1，2006.01]

E06C 1/397　　・・带有轮子、滚轴或承辊的梯子 [1，2006.01]

E06C 1/52　　・带有非刚性纵向部件的梯子 [1，2006.01]

E06C 1/54　　・・惰钳式 [1，2006.01]

E06C 1/56　　・・绳梯或链梯 [1，2006.01]

E06C 1/58　　・同时带有刚性和非刚性的纵向部件的梯子 [1，2006.01]

E06C 5/00　　以安装在底架或车辆上为特征的梯子；固定在车辆上的梯子（带有轮子、滚轴或承辊的梯子入 E06C 1/397）[1，2006.01]

E06C 5/02　　・带有刚性纵向构件的 [1，2006.01]

E06C 5/04　　・・可提升或延伸的 [1，2006.01]

E06C 5/06　　・・・采用以介质压力操作的活塞和汽缸或类似装置 [1，2006.01]

E06C 5/08　　・・・・直接来自压力贮罐的 [1，2006.01]

E06C 5/10　　・・・・由一个泵或压缩机充压，泵或压缩机利用车辆马达

	或另一个放在车上的马达驱动[1,2006.01]
E06C 5/12	···直接来自一个泵或压缩机[1,2006.01]
E06C 5/14	····由车辆马达或另一个放在车上的马达驱动[1,2006.01]
E06C 5/16	···只采用机械传动，带有或不带有液压或其他非机械连接器或联动器的[1,2006.01]
E06C 5/18	····利用车辆马达或另一个马达的动力[1,2006.01]
E06C 5/20	····采用手动动力（附带在梯子上的手动延伸装置入 E06C 7/04）[1,2006.01]
E06C 5/22	···用弹簧或借助于弹簧（E06C 5/06，E06C 5/16优先）[1,2006.01]
E06C 5/24	··从车上拆卸梯子[1,2006.01]
E06C 5/26	·带非刚性的纵向构件[1,2006.01]
E06C 5/28	··惰钳型[1,2006.01]
E06C 5/30	··由彼此加强的链接组成的梯子[1,2006.01]
E06C 5/32	·附件[1,2006.01]
E06C 5/34	··指示器件[1,2006.01]
E06C 5/36	··防止梯子滑动或倾倒的安全器件；防止梯子超荷的安全器件[1,2006.01]
E06C 5/38	··封锁车辆弹簧的器件；由地面直接支撑底架的器件[1,2006.01]
E06C 5/40	··把梯子横向倾斜的器件[1,2006.01]
E06C 5/42	··改变倾斜角度的器件；其所用碰锁器件[1,2006.01]
E06C 5/44	··梯子的其他附件，例如，声响信号器件、可拆装的配电盘[1,2006.01]
E06C 7/00	结构部件、支撑部件或附件[1,2006.01]
E06C 7/02	·延伸装置（设在底架或车辆上的梯子用的入 E06C 5/00）[1,2006.01]
E06C 7/04	··装在梯子上的手动延伸装置[1,2006.01]
E06C 7/06	·可延伸梯子部件的固定器件或钩子[1,2006.01]
E06C 7/08	·纵向构件或梯级或其他踏板的特殊构造[1,2006.01]
E06C 7/10	·梯子的加强件[1,2006.01]
E06C 7/12	·梯子上的提升器或其他提升器件[1,2006.01]
E06C 7/14	·梯子上或梯子用桶或其他设备的托架[1,2006.01]
E06C 7/16	·梯子上或用于梯子的平台，例如，可升降的平台（提升方面入 B66F）[1,2006.01]
E06C 7/18	·防止人员跌下的器件（安全带入 A62B 1/16）[1,2006.01]
E06C 7/42	·梯脚；所用支撑构件（用于脚手架构件的入 E04G 5/02）[1,2006.01]
E06C 7/44	··在不平的地面上架设梯子的措施[1,2006.01]
E06C 7/46	··防止滑动的设备[1,2006.01]
E06C 7/48	·梯子端头；用于靠在物体上的梯子端头支承[1,2006.01]
E06C 7/50	·接头或其他连接件[1,2006.01]
E06C 9/00	以永久性装在固定结构物上为特征的梯子，例如，防火梯（移动式楼梯入 E04F 11/04）[1,2006.01]
E06C 9/02	·刚性安装的[1,2006.01]
E06C 9/04	··铁脚镫式爬梯或类似梯[1,2006.01]
E06C 9/06	·活动安装的[1,2006.01]
E06C 9/08	··带有刚性纵向构件的[1,2006.01]
E06C 9/10	···构成建筑物的一部分，例如，阳台格栅、窗格栅或其他窗构件[1,2006.01]
E06C 9/12	···可横向移动的[1,2006.01]
E06C 9/14	··带有非刚性纵向构件的，例如，索梯、链梯、惰钳式梯[1,2006.01]

分部：土层或岩石的钻进；采矿

E21 土层或岩石的钻进；采矿

附注

在本大类内，下列术语的含义为：
- "钻进"包括钻孔，反之亦然。

E21B 土层或岩石的钻进；从井中开采油、气、水、可溶解或可熔化物质或矿物泥浆 [5]

附注 [7, 2006.01]

1. 本小类包括：
   - 主要用于钻进天然地层中的土层或岩石的设备；
   - 用于在人造结构上现场进行钻进，例如，在道路表面或混凝土结构上进行钻进的类似设备。
2. 本小类不包括：
   - 手持钻机，例如，家用的；
   - 用于加工作业中的钻进设备，即为了对产品进行加工，例如，进一步处理所用的钻进设备；
   这种钻进设备位于 B 部的相关小类中，例如，B23B；
   - 用于孔眼或井眼的钻进或用于处理孔眼或井眼的组合物，该组合物包括在 C09K 8/00 组中，例如，用于改进获取碳氢化合物的开采方法的组合物入 C09K 8/58。

小类索引

钻井的方法和设备	1/00 至 7/00
钻具；其所用附件	10/00，11/00；12/00
钻井的其他设备或细部构件；井的设备或维护	
井架；钻杆或类似装置	15/00；17/00，19/00
冲洗井；封井；加热或冷却	21/00，37/00；33/00；36/00
阀装置；灭火	34/00；35/00
其他设备或部件	23/00 至 31/00，40/00，41/00
从井中开采液体	43/00
控制；测量或测试	44/00；45/00 至 49/00

钻井的方法或设备

E21B 1/00   冲击式钻进［1，3，2006.01］

E21B 1/02   ·用于落锤的地面驱动装置，例如，使用一根缆绳［1，7，2006.01］

E21B 1/04   ··在地面使钻杆或缆绳反向运动的装置［1，2006.01］

E21B 1/12   ·采用一个往复式冲击件（E21B 1/02，E21B 1/38 优先）［7，2006.01］

E21B 1/14   ··由一个旋转机构来驱动［7，2006.01］

E21B 1/16   ···带有弹簧并作往复运动的物体，例如，通过气垫［7，2006.01］

E21B 1/18   ····通过双重缓冲弹簧把驱动装置弹性地连接到一个顶杆上［7，2006.01］

E21B 1/20   ···构成离心式锤［7，2006.01］

E21B 1/22   ··由电磁驱动的［7，2006.01］

E21B 1/24   ··冲击件是一个直接由流体压力驱动的活塞［7，2006.01］

E21B 1/26   ···通过液体压力［7，2006.01］

E21B 1/28   ····使用脉冲［7，2006.01］

E21B 1/30   ···通过空气、蒸汽或者气体压力［7，2006.01］

E21B 1/32   ····使用脉冲［7，2006.01］

E21B 1/34   ····冲击件是内燃机的一个活塞［7，2006.01］

E21B 1/36   ·携带工具的活塞式的，即其中的工具连接到冲击件上［7，2006.01］

E21B 1/38   ·锤击活塞式的，即其中的工具钻头或砧由一个冲击件来撞击［7，2006.01］

E21B 3/00   旋转式钻进［1，3，2006.01］

E21B 3/02   ·旋转式钻进的地面驱动装置［1，2006.01］

E21B 3/025   ··通过工具的往复式旋转［7，2006.01］

E21B 3/03   ··通过工具的间歇式单向旋转［7，2006.01］

E21B 3/035   ··通过滑动传动或者弹性传动［7，2006.01］

E21B 3/04   ··转盘［1，2006.01］

E21B 3/06   ···用旋转绞车驱动转盘［1，3，2006.01］

E21B 4/00   井眼内钻井用驱动装置［3，2006.01］

E21B 4/02   ·液体旋转式驱动装置［3，2006.01］

E21B 4/04   ·电力驱动装置（E21B 4/12 优先）［3，2006.01］

E21B 4/06   ·潜孔冲击工具，例如，锤（钻进撞锤入 E21B 11/02）［3，2006.01］

E21B 4/08   ··单靠重力得到的冲击，例如，靠空动连接机构［3，2006.01］

E21B 4/10   ··钻杆或钻管的持续单向旋转运动而产生的连续冲击［3，2006.01］

E21B 4/12   ··电动锤［3，2006.01］

E21B 4/14   ··液力锤［3，2006.01］

E21B 4/16   ·复潜孔驱动装置，例如，用于冲击和旋转联合钻进（E21B 4/10 优先）；多钻头钻机驱动装置［3，2006.01］

E21B 4/18   ·井眼内的固定或给进［3，7，2006.01］

E21B 4/20   ·与地面驱动装置联合（E21B 4/10 优先）［3，2006.01］

E21B 6/00   用于冲击和旋转联合钻进的驱动装置［3，2006.01］

E21B 6/02   ·旋转是连续的［7，2006.01］

E21B 6/04   ··分别用于冲击和旋转的驱动装置［7，2006.01］

E21B 6/06   ·旋转是间歇性的，例如，是通过一个棘轮装置实现［7，2006.01］

E21B 6/08   ··分别用于冲击和旋转的驱动装置［7，2006.01］

E21B 7/00   钻井的特殊方法或设备［1，7，2006.01］

E21B 7/02   ·带有用于陆地运输装置的钻机，例如，安装在雪橇或轮子上［1，7，2006.01］

E21B 7/04   ·定向钻井［1，2006.01］

E21B 7/06   ··井眼造斜［1，2006.01］

E21B 7/08   ···井眼造斜专用器具，例如，特殊钻头、肘节或造斜器［2006.01］

E21B 7/10   ··井眼纠偏［1，2006.01］

E21B 7/12   ·水下钻井（使用升沉补偿装置入

E21B

	E21B 19/09）[1,7,2006.01]
E21B 7/124	··带驱动原动机的水下钻具，例如，在水下用的移动式钻机[3,2006.01]
E21B 7/128	··从带独立水下锚定导向座的浮式支架上[3,2006.01]
E21B 7/132	··从水下浮动支架上[3,2006.01]
E21B 7/136	··从不可浮动支架上（E21B 7/124优先）[3,2006.01]
E21B 7/14	·应用热能钻井，例如，火焰钻进[1,2006.01]
E21B 7/15	··用电产生的热能[3,2006.01]
E21B 7/16	·通过钻压施加分散的球或弹丸，所谓喷丸钻进法[1,2006.01]
E21B 7/18	·用夹带或不夹带弹丸的液体或气体喷射钻井（E21B 7/14优先）[1,5,2006.01]
E21B 7/20	·将套管下入或打入井眼，例如，下沉；井眼的钻进和下套管同时进行[3,2006.01]
E21B 7/24	·用振动或振荡方法钻井，例如，不平衡体（冲击式钻进入E21B 1/00）[3,2006.01]
E21B 7/26	·无须剥离表土的钻进，例如，自动推进打钻装置（E21B 7/30优先）[3,2006.01]
E21B 7/28	·扩大井眼，例如，利用镗孔[2006.01]
E21B 7/30	··无须剥离表土[6,2006.01]

钻具

E21B 10/00	**钻头**（专门适用于井眼造斜入E21B 7/08；带有收集物质的装置入E21B 27/00）[3,2006.01]
E21B 10/02	·岩心钻头（以抗磨部件为特征入E21B 10/48）[3,2006.01]
E21B 10/04	··带岩心破坏装置[3,2006.01]
E21B 10/06	··牙轮岩心钻头[3,2006.01]
E21B 10/08	·牙轮钻头（E21B 10/26优先；牙轮岩心钻头入E21B 10/06；以抗磨部件为特征入E21B 10/50）[3,2006.01]
E21B 10/10	··带两端支撑的牙轮轴的[3,2006.01]
E21B 10/12	··带盘式牙轮[3,2006.01]
E21B 10/14	··与非滚动牙轮带导向部件型而不是相结合[3,2006.01]
E21B 10/16	··以齿形或排列为特征的[3,2006.01]
E21B 10/18	··以钻井液导管或喷嘴为特征的[3,2006.01]
E21B 10/20	··以可拆卸或可调节部件为特征，例如，脚架或轴[3,2006.01]
E21B 10/22	··以轴承、润滑或密封细部构件为特征[3,2006.01]
E21B 10/23	···向轴承供应钻井液[2006.01]
E21B 10/24	···以润滑细部构件为特征（E21B 10/23优先）[3,2006.01]
E21B 10/25	···以密封细部构件为特征[2006.01]
E21B 10/26	·带导向部件的钻头，即带前引牙轮的钻头；扩孔钻头，例如，扩孔器（带导向部件冲击式钻头入E21B 10/40）[3,2006.01]
E21B 10/28	··带非扩张式牙轮钻头[3,2006.01]
E21B 10/30	···纵轴牙轮扩孔器，例如，扩孔器稳定器[3,2006.01]
E21B 10/32	··带可扩张切削工具[3,2006.01]
E21B 10/34	···牙轮钻头式[3,2006.01]
E21B 10/36	·冲击式钻头（以抗磨部件为特征入E21B 10/46）[3,2006.01]
E21B 10/38	··以钻井液的导管或喷嘴为特征[3,2006.01]
E21B 10/40	··带导向部件[3,2006.01]
E21B 10/42	·带有齿、刃或类似切削部件的旋转掘进型钻头，例如，叉形钻头、鱼尾钻头（以抗磨部件为特征入E21B 10/46，以钻井液的导管或喷嘴为特征入E21B 10/60，以可拆卸的部件为特征入E21B 10/62）[3,2006.01]
E21B 10/43	··以齿或其他切削部件的设置为特征[2006.01]

E21B 10/44	·带螺旋传送部分的钻头，例如，螺旋式钻头；带导向部件或带可拆卸部件的螺旋钻头（E21B 10/42 优先）[3，2006.01]
E21B 10/46	·以抗磨部件为特征，例如，金刚石镶嵌件 [3，2006.01]
E21B 10/48	··岩心钻头 [3，2006.01]
E21B 10/50	··牙轮钻头 [3，2006.01]
E21B 10/52	···横刃型或金属镶齿型的镶嵌件 [3，2006.01]
E21B 10/54	··旋转掘进型钻头，例如，叉形钻头 [3，2006.01]
E21B 10/55	···带有预成型切削装置 [2006.01]
E21B 10/56	··金属镶齿型镶嵌件（E21B 10/52 优先）[3，2006.01]
E21B 10/567	···带有安装在特定支撑件上的切削装置，例如，多晶镶嵌件 [2006.01]
E21B 10/573	····以支架零件为特征的，例如，底层结构或底层与切削部件之间的交界面 [2006.01]
E21B 10/58	··横刃型镶嵌件（E21B 10/52 优先）[3，2006.01]
E21B 10/60	·以钻井液的导管或喷嘴为特征（用于牙轮钻头入 E21B 10/18；用于冲击式钻头入 E21B 10/38）[3，2006.01]
E21B 10/61	··以喷嘴结构为特征的 [2006.01]
E21B 10/62	·以可拆卸或可调节的部件为特征，例如，切削元件（E21B 10/64 优先；用于牙轮钻头入 E21B 10/20；用于螺旋钻头入 E21B 10/44）[3，2006.01]
E21B 10/627	··带有多个可拆卸的切削元件 [2006.01]
E21B 10/633	···可单独拆卸 [2006.01]
E21B 10/64	·以不用提出钻管就可将整个钻头或其部件插入钻孔或从钻孔中拆除为特征 [3，2006.01]
E21B 10/66	··切割器具可通过钻管活动并可横向移动 [3，2006.01]

E21B 11/00	其他钻具 [1，2006.01]
E21B 11/02	·钻孔撞锤 [1，2006.01]
E21B 11/04	·钻孔夹具 [1，2006.01]
E21B 11/06	·带驱动切割链或类似驱动工具 [1，2006.01]
E21B 12/00	钻具附件 [3，2006.01]
E21B 12/02	·磨损指示器 [3，2006.01]
E21B 12/04	·钻头护具 [3，2006.01]
E21B 12/06	·机械清除装置 [3，2006.01]

钻井的其他设备或细部构件；井的设备或维护

E21B 15/00	钻机的支承装置，例如，井架或者桅杆式井架 [1，7，2006.01]
E21B 15/02	·专门适用于水下钻井（E21B 15/04 优先）[1，3，2006.01]
E21B 15/04	·专门适用于定向钻井，例如，斜孔钻塔 [3，2006.01]
E21B 17/00	钻杆或钻管；柔性钻杆柱；方钻杆；钻铤；抽油杆；套管；管子 [1，2006.01]
E21B 17/01	·立管 [3，2006.01]
E21B 17/02	·接箍；接头 [1，2006.01]
E21B 17/03	··位于钻杆或钻管与钻机马达之间的，例如，位于钻杆与锤击器之间 [7，2006.01]
E21B 17/04	··钻杆与钻头之间，或钻杆与钻杆之间 [1，2006.01]
E21B 17/042	···带螺纹 [1，2006.01]
E21B 17/043	····带锁紧装置 [1，2006.01]
E21B 17/046	···带肋、销钉或键以及互补槽或类似物的，例如，卡口式连接 [1，2006.01]
E21B 17/05	···旋转接头 [1，2006.01]
E21B 17/06	···释放接头，例如，安全接头 [1，2006.01]
E21B 17/07	···改变钻杆柱长度用的伸缩式接头；减震器 [3，2006.01]
E21B 17/08	··套管接头 [1，2006.01]
E21B 17/10	·防磨损护具；扶正装置 [1，2006.01]

E21B

E21B 17/12	··安置或取出防磨损护具的装置［1，2006.01］
E21B 17/14	·套管靴［1，2006.01］
E21B 17/16	·钻铤［3，2006.01］
E21B 17/18	·具有多个液体通道的管道［3，2006.01］
E21B 17/20	·柔性或万向铰接钻管［3，2006.01］
E21B 17/22	·带螺旋结构的钻杆或钻管［3，2006.01］
E21B 19/00	**在井眼外，例如，在井架内搬运钻杆、套管、管子或类似物；用于给进钻杆或者钢丝绳的装置［1，2006.01］**
E21B 19/02	·钻杆或钢丝绳悬吊装置［1，2006.01］
E21B 19/04	··吊钩［1，2006.01］
E21B 19/06	··吊卡，即抓夹钻杆或管子的装置［1，2006.01］
E21B 19/07	···卡瓦式吊卡［1，2006.01］
E21B 19/08	·钻杆或钢丝绳的给进装置（E21B 19/22优先；自动给进入E21B 44/02）；增加或减少钻具上压力的装置；平衡钻杆重量的装置［1，3，7，2006.01］
E21B 19/081	··螺杆螺母式的给进机构［7，2006.01］
E21B 19/083	··凸轮、齿条或者类似物的给进机构［7，2006.01］
E21B 19/084	··具有柔性牵引装置，例如，钢丝绳［7，2006.01］
E21B 19/086	··具有一个流体激励式缸体（E21B 19/084，E21B 19/087，E21B 19/09优先）［7，2006.01］
E21B 19/087	··利用摇杆［7，2006.01］
E21B 19/089	··具有弹簧或者附加重物［7，2006.01］
E21B 19/09	··专门适用于从采用升沉补偿装置支撑钻杆柱的浮式支架进行水下钻井［3，2006.01］
E21B 19/10	·卡瓦；卡盘［1，2006.01］
E21B 19/12	·绳夹［1，2006.01］
E21B 19/14	·承托单节或多节连接钻杆长度的框架、坡板、沟槽或储存装置；存放地点至井眼间的搬运（E21B 19/20，E21B 19/22优先）［1，3，2006.01］
E21B 19/15	··将钻杆平放于钻杆架上；在水平与垂直位置间搬运［3，2006.01］
E21B 19/16	·装卸钻管接箍或接头（E21B 19/20优先）［1，3，2006.01］
E21B 19/18	·装卸钻头及钻管［3，2006.01］
E21B 19/20	·由齿条给进与连接相结合的，例如，自动地［3，2006.01］
E21B 19/22	·调节卷绕的管子或杆件，例如，柔性钻管［3，2006.01］
E21B 19/24	·钻杆或者钻管的导向或对中装置［7，2006.01］
E21B 21/00	**冲洗井眼的方法或设备，例如，通过利用发动机排出的尾气（通过冲洗去除黏结在井眼内的物体入E21B 31/03）［1，2，7，2006.01］**
E21B 21/01	·用于在井眼外调节钻井液或者岩屑的设备，例如，沉淀箱［7，2006.01］
E21B 21/015	··用于与钻孔的入口啮合的装置，例如，用于收集灰尘的罩［7，2006.01］
E21B 21/02	·软管中的旋转接头［1，2006.01］
E21B 21/06	·井眼外处理钻井液的装置［3，2006.01］
E21B 21/07	··用于处理含尘气态流体［7，2006.01］
E21B 21/08	·钻井液压力或流量的控制或监测，例如，自动充注井眼、自动控制井底压力（其阀装置入E21B 21/10）［3，2006.01］
E21B 21/10	·钻井液循环系统的阀装置［3，2006.01］
E21B 21/12	·用带有多个钻井液通路的钻管，例如，闭式循环系统［3，2006.01］
E21B 21/14	·使用液体和气体，例如，泡沫［3，2006.01］
E21B 21/16	·使用气态流体（E21B 21/14优先）［7，2006.01］
E21B 21/18	·防止钻机马达的废气吹向工作面［7，2006.01］
E21B 23/00	**在井眼或井中替换、安放、锁定、拆卸或取出工具、封隔器或类似物的装置**

（安装套管、滤网或衬管入 E21B 43/10）[1,2006.01]

E21B 23/01　·用于固定工具或类似物（E21B 23/02 至 E21B 23/06 优先；井眼内驱动装置的固定入 E21B 4/18）[6,2006.01]

E21B 23/02　·用于将工具或类似物锁定在联顶短节或相邻的管段间的凹座中（E21B 23/03 至 E21B 23/06 优先）[1,3,2006.01]

E21B 23/03　·用于在侧向偏移的定位接头或套上安装或拆除工具[3,2006.01]

E21B 23/04　·由流体方法操作的，例如，由爆炸驱动（E21B 23/08 优先）[1,3,2006.01]

E21B 23/06　·用于安装封隔器[1,2006.01]

E21B 23/08　·用液压施放或运转工具，例如，通过出油管工具系统[3,2006.01]

E21B 23/10　··其所用专用工具[3,2006.01]

E21B 23/12　··工具转向器[3,2006.01]

E21B 23/14　·用于替换缆绳或由缆绳操纵的工具，例如，斜井中测井或钻孔作业中使用的工具[6,2006.01]

E21B 25/00　提取原状岩心的装置，例如，岩心筒或岩心提取器（岩心钻头入 E21B 10/02）[1,2006.01]

E21B 25/02　·不提出钻管便可插入井眼或从井眼中移出的岩心接收器[3,2006.01]

E21B 25/04　··具有形成岩心切削刃或元件的岩心接收器，例如，冲孔式岩心筒[3,2006.01]

E21B 25/06　·具有柔性衬套或可膨胀保持装置的取岩心器[3,2006.01]

E21B 25/08　·岩心的涂层、冻结及加固（E21B 25/06 优先）；回收未被污染的岩心或在地层压力下的岩心[3,2006.01]

E21B 25/10　·形成岩心的保持或切断装置（E21B 25/06，E21B 25/08 优先）[3,2006.01]

E21B 25/12　··滑楔式[3,2006.01]

E21B 25/14　··安装在与岩心中心线横交的轴上[3,2006.01]

E21B 25/16　·用于取定向岩心[3,2006.01]

E21B 25/18　·专门适用于水下的岩心接收器[3,2006.01]

E21B 27/00　用于在井眼或井中收集或沉积物质的容器，例如，用于收集泥浆或沙子的捞沙筒；带有收集物质的装置的钻头，例如，阀门钻头[1,6,2006.01]

E21B 27/02　·灌浆提桶，即用于在孔眼或井中放置物质，例如，水泥或酸的容器[6,2006.01]

E21B 27/04　·收集或沉积装置处包含螺旋传送装置[2006.01]

E21B 28/00　用于井眼或井的振动发生装置，例如，用于提高产量（用于传递测量信号入 E21B 47/14；用于地球物理测量入 G01V 1/02）[6,2006.01]

E21B 29/00　井眼或井中管道、封隔器、堵塞物或缆绳的切割或破坏，例如，切割损坏的管道及开窗口；在井眼或井中使管子变形；在地面修复套管[1,2006.01]

E21B 29/02　·使用炸药或热力或化学方法[1,2006.01]

E21B 29/04　·切割钢丝绳或类似物（E21B 29/02 优先）[3,2006.01]

E21B 29/06　·开窗口，例如，为使用造斜器而开的定向切口的切割器具（E21B 29/08 优先）[3,2006.01]

E21B 29/08　·切割管道或使管道变形来控制液体流动[3,2006.01]

E21B 29/10　·修复井套管，例如，调直[3,2006.01]

E21B 29/12　·专门适用于水下安装（E21B 29/08 优先）[3,2006.01]

E21B 31/00　在井眼或井中打捞或排除物体[1,2006.01]

E21B 31/03　·用冲洗排除[3,2006.01]

E21B 31/06　·用磁力方法[1,3,2006.01]

E21B 31/08　·用打捞篮或类似物[1,3,2006.01]

E21B 31/107　·用冲击装置松脱被卡件，例如，振动器[3,2006.01]

E21B 31/113	··液压操作的 [3,2006.01]		E21B 33/10	·在井眼内 [1,2006.01]
E21B 31/12	·抓捞工具，例如，夹钳或卡爪 [1,2006.01]		E21B 33/12	··封隔器；封堵物（用于注水泥入 E21B 33/134，E21B 33/16）[1,2006.01]
E21B 31/14	··带有使工具方向偏斜的装置，例如，用肘节 [3,2006.01]		E21B 33/122	···多管柱封隔器 [1,2006.01]
E21B 31/16	··与切割或破坏工具相结合 [3,2006.01]		E21B 33/124	···带隔离中间间隔的纵向间隔孔塞的装置 [1,2006.01]
E21B 31/18	··从外部抓取，例如，打捞筒 [3,2006.01]		E21B 33/126	···带有流体压力操作弹性皮碗或裙部（E21B 33/122，E21B 33/124 优先）[1,2006.01]
E21B 31/20	··从内部抓取，例如，打捞矛 [3,2006.01]		E21B 33/127	···带可膨胀套筒的（E21B 33/122，E21B 33/124 优先）[1,2006.01]
E21B 33/00	**井眼或井的密封或封隔 [1,2006.01]**		E21B 33/128	···带受轴向压力而向径向膨胀的构件（E21B 33/122，E21B 33/124 优先）[1,2006.01]
E21B 33/02	·地面密封或封隔 [1,2006.01]			
E21B 33/03	··井口；其配置 [1,2006.01]		E21B 33/129	···带向套管内钩放的机械卡瓦（E21B 33/122，E21B 33/124 优先）[1,2006.01]
E21B 33/035	···专门适用于水下设备（E21B 33/043，E21B 33/064，E21B 33/076 优先）[1,3,2006.01]			
E21B 33/037	····其所用保护套 [3,2006.01]		E21B 33/1295	····由流体压力驱动 [6,2006.01]
E21B 33/038	····井口用连接器，例如，用来连接防喷器与立管 [3,2006.01]		E21B 33/13	··用于封堵井眼、裂隙或类似物的注水泥方法或装置 [1,2006.01]
E21B 33/04	···套管头；井口悬浮套管或管子 [1,2006.01]		E21B 33/134	···桥塞 [1,2006.01]
E21B 33/043	····专门适用于水下井口（E21B 33/047 优先）[3,2006.01]		E21B 33/136	···水泥伞，例如，伞型 [1,2006.01]
E21B 33/047	····用于多管柱 [3,2006.01]		E21B 33/138	···涂抹井壁；向地层内注水泥 [1,2006.01]
E21B 33/05	···水泥头，例如，具有施放注水泥塞的装置 [1,2006.01]		E21B 33/14	···用于将套管胶接到井眼 [1,2006.01]
E21B 33/06	··防喷器 [1,3,2006.01]		E21B 33/16	···用于隔离水泥添料的封堵物；其所用各种封堵物 [1,2006.01]
E21B 33/064	···专门适用于水下井口 [3,2006.01]			
E21B 33/068	···具有向井内输入物体或液体或从井内拆除物体的装置（水泥头入 E21B 33/05）[3,2006.01]		**E21B 34/00**	**井眼或井的阀装置 [1,2006.01]**
			E21B 34/02	·在井口内 [3,2006.01]
E21B 33/072	···用于绳索操纵的工具（E21B 33/076 优先）[3,2006.01]		E21B 34/04	·在水下井口内 [3,2006.01]
			E21B 34/06	·在井内 [3,2006.01]
E21B 33/076	···专门适用于水下设备 [3,2006.01]		E21B 34/08	··对所获液体的流量或压力敏感（E21B 34/10 优先）[3,2006.01]
E21B 33/08	··清管器；防喷罩 [1,2006.01]		E21B 34/10	··由井眼外提供的控制液体操纵 [3,

				2006.01]
E21B 34/12	··由套管或管子运动操作［3，2006.01］		从井中开采流体［3］	
E21B 34/14	··由工具的运动操作，例如，活塞或缆绳操纵的滑阀［3，2006.01］		E21B 43/00	从井中开采油、气、水、可溶解或可熔化物质或矿物泥浆的方法或设备（仅适于开采水的入E03B）［1，2006.01］
E21B 34/16	·其所用控制装置位于井眼外［3，2006.01］		E21B 43/01	·专门适用于水下开采［1，2006.01］
E21B 35/00	防火或灭火的方法或设备［1，2006.01］		E21B 43/013	··生产管线与水下井口的连接［3，2006.01］
E21B 36/00	井眼或井的加温、冷却或隔离装置，例如，在永冻区用的［3，2006.01］		E21B 43/017	··生产辅助站，即包括连接于一中心站的许多辅助井口的水下设施［3，2006.01］
E21B 36/02	·用燃烧器［3，2006.01］		E21B 43/02	·亚层土过滤［1，2006.01］
E21B 36/04	·用电热器［3，2006.01］		E21B 43/04	·井口铺砾石［1，2006.01］
E21B 37/00	清洗井眼或井的方法或装置（E21B 21/00优先）［1，2006.01］		E21B 43/08	·滤网或衬管［1，2006.01］
E21B 37/02	·其专用刮管器［1，2006.01］		E21B 43/10	·在井内下套管、滤网或衬管［1，2006.01］
E21B 37/04	··液体压力操作的，例如，气举活塞刮管器［3，2006.01］		E21B 43/11	·射孔器；渗透器［1，2006.01］
E21B 37/06	·用化学方法防止或限制石蜡或类似物质的沉积［3，2006.01］		E21B 43/112	··带可伸长射孔件的射孔器，例如，流体驱动［1，2006.01］
E21B 37/08	·现场清洗井下过滤器、滤网或砾石充填（E21B 37/06优先）［3，2006.01］		E21B 43/114	··直接用流体作用的射孔器，例如，磨料喷嘴［1，2006.01］
E21B 37/10	·井抽子［3，2006.01］		E21B 43/116	··子弹射孔器或聚能喷流射孔器［1，2006.01］
E21B 40/00	油管抓持器，自动阻止油管的下落［1，2006.01］		E21B 43/117	···聚能喷流射孔器（E21B 43/118优先）［1，2006.01］
E21B 41/00	在E21B 15/00至E21B 40/00各组中所不包含的设备或细部构件［1，2006.01］		E21B 43/118	···以在垂直位置下降并随后倾斜到操作位置为特征［1，2006.01］
E21B 41/02	·在现场抑制井眼或井中的侵蚀［3，6，2006.01］		E21B 43/1185	··点火系统［3，2006.01］
E21B 41/04	·水下钻井作业的控制器，例如，临时与井口连接［3，2006.01］		E21B 43/119	··细部构件，例如，用以确定射孔位置或方向［1，2006.01］
E21B 41/06	·水下作业工作室，例如，临时与井口连接［3，2006.01］		E21B 43/12	·控制采出液体向井内或在井内的流量的方法或设备（E21B 43/25优先；阀装置入E21B 34/00）［1，2006.01］
E21B 41/08	·水下导向基座，例如，钻井底盘；其平衡方法［7，2006.01］		E21B 43/14	·从多层油井中开采［1，2006.01］
E21B 41/10	·导向杆，例如，可拆除的导向杆；把导向索连接到水下导向基座上［7，2006.01］		E21B 43/16	·提高回收开采碳氢化合物的方法［1，2006.01］
			E21B 43/17	·通过压裂或其他的浸蚀地层方法来互连2个或更多的井（E21B 43/247优先）［3，2006.01］

E21B 43/18　··恢复压力法或真空法 [1,2006.01]
E21B 43/20　··用水取代 [1,2006.01]
E21B 43/22　··使用化学品或细菌活动（E21B 43/27优先）[1,2006.01]
E21B 43/24　··使用热能，例如，注入蒸汽 [1,2006.01]
E21B 43/241　···与非碳氧化合物矿物的溶解采矿法相结合，例如，油页岩的高温裂解 [5,2006.01]
E21B 43/243　···现场燃烧 [3,2006.01]
E21B 43/247　····与压裂方法并用的 [3,2006.01]
E21B 43/248　····用炸药 [5,2006.01]
E21B 43/25　·促进生产的方法 [1,2006.01]
E21B 43/26　··通过形成裂隙或裂缝 [1,2006.01]
E21B 43/263　···用炸药 [3,2006.01]
E21B 43/267　···通过支撑加强裂缝 [3,2006.01]
E21B 43/27　··利用腐蚀性化学品，例如，酸 [1,2006.01]
E21B 43/28　·溶解除碳氧化合物以外的矿物，例如，碱或酸浸沥剂（E21B 43/241优先）[1,5,2006.01]
E21B 43/285　·熔化矿物，例如，硫（E21B 43/24优先）[5,2006.01]
E21B 43/29　·开采矿物泥浆，例如，通过使用喷嘴 [5,2006.01]
E21B 43/295　·矿物的气化，例如，用于生产可燃气体的混合物（E21B 43/243优先）[5,2006.01]
E21B 43/30　·井的特殊布置，例如，使井的间距最佳化 [3,2006.01]
E21B 43/32　·防止气锥或水锥现象，即在井的周围形成气或水的锥体 [3,2006.01]
E21B 43/34　·分离井中所产物质的装置 [3,2006.01]
E21B 43/36　··水下分离装置（E21B 43/38优先）[3,2006.01]
E21B 43/38　··在井内 [3,2006.01]
E21B 43/40　···与回注已分离的物质有关的分离 [3,2006.01]

自动控制 [3]

E21B 44/00　专门适用于钻井作业的自动控制系统，即具有执行或改善钻井作业的机能而无需操作人员干预的自动控制系统，例如，计算机控制钻进系统；专门适用于监测多种钻进变量或条件的系统 [3,2006.01]
E21B 44/02　·工具给进的自动控制（E21B 44/10优先）[7,2006.01]
E21B 44/04　··对驱动装置的扭矩作出反应 [7,2006.01]
E21B 44/06　··对驱动装置的激励流体的流量或压力作出反应 [7,2006.01]
E21B 44/08　··对冲击工具的运动，例如，弹起或者反冲运动的振幅作出反应 [7,2006.01]
E21B 44/10　·当工具被举升离开工作面时自动停机的装置 [7,2006.01]

测量或测试

E21B 45/00　测量钻井时间或钻进速度 [1,2006.01]
E21B 47/00　测量井眼或井（钻井液的压力或流量监测入 E21B 21/08）[1,2006.01,2012.01]
E21B 47/001　·用于水下设备 [2012.01]
E21B 47/002　·通过可视检查 [2012.01]
E21B 47/003　·确定井或井眼容量 [2012.01]
E21B 47/005　·监测或检查灌浆质量或水平 [2012.01]
E21B 47/007　·测量管柱或管套中的应力（用于定位管子的阻卡位置入 E21B 47/09）[2012.01]
E21B 47/008　·井下泵系统的监测，例如，"空抽"状态的检测 [2012.01]
E21B 47/009　··杆式泵系统的监测 [2012.01]
E21B 47/01　·用于在钻头、钻管、钻杆或缆绳上支撑测量仪器的装置；保护井眼中的测量仪器免遭热、冲击、压力或

	类似情况的影响［6，2006.01，2012.01］
E21B 47/013	··专门适用于在钻头上支撑测量仪器的装置［2012.01］
E21B 47/017	··保护测量仪器［2012.01］
E21B 47/02	·斜度或方向的确定［1，2006.01］
E21B 47/022	··井眼的，例如，利用地磁学［1，2006.01，2012.01］
E21B 47/0224	···利用地震学或声学装置［2012.01］
E21B 47/0228	···利用电磁能或其检测器［2012.01］
E21B 47/0232	····至少一个能量来源或其检测器位于地面上或地面上方［2012.01］
E21B 47/0236	···使用振摆［2012.01］
E21B 47/024	··井眼中的装置（确定钻孔的斜率或方向入 E21B 47/022）［1，2006.01］
E21B 47/026	··已穿透地层［1，2006.01］
E21B 47/04	·测量深度或液面［1，2006.01，2012.01］
E21B 47/047	··液面（使用放射性标记物测量深度或液位入 E21B 47/053）［2012.01］
E21B 47/053	··使用放射性标记物［2012.01］
E21B 47/06	·测量温度或压力［1，2006.01，2012.01］
E21B 47/07	··温度［2012.01］
E21B 47/08	·测量直径或井眼的相关尺寸［1，2006.01，2012.01］
E21B 47/085	··使用辐射性装置，例如，声学的、放射性的或电磁的［2012.01］
E21B 47/09	·探明或确定井眼或井中物体的位置；辨明管子的运行或阻卡的位置［3，2006.01，2012.01］
E21B 47/092	··通过检测磁异常［2012.01］
E21B 47/095	··通过检测声异常，例如，利用泥浆压力脉冲［2012.01］
E21B 47/098	··使用印记收集器，例如，去检测凹坑或穿孔［2012.01］
E21B 47/10	·确定液体的泄漏、侵入或移动［1，2006.01，2012.01］
E21B 47/103	··利用热测量［2012.01］
E21B 47/107	··使用声学装置［2012.01］
E21B 47/11	··使用跟踪器；利用放射能［2012.01］
E21B 47/113	··利用电指示；利用光辐射［2012.01］
E21B 47/117	··通过压力测试来检测泄漏，例如，从管道中泄漏［2012.01］
E21B 47/12	·从井中到地面或从地面到井中传输测量信号或控制信号的装置，例如，钻进同时测井［1，2006.01，2012.01］
E21B 47/125	··将地球用作电导体（使用电磁能量入 E21B 47/13）［2012.01］
E21B 47/13	··通过电磁能，例如，一定射频范围内的［2012.01］
E21B 47/135	···利用光波，例如，红外波或紫外波［2012.01］
E21B 47/14	··利用声波［6，2006.01］
E21B 47/16	···通过钻杆或套管［6，2006.01］
E21B 47/18	···通过井液［6，2006.01，2012.01］
E21B 47/20	····通过泥浆波的调制，例如，通过连续调制［2012.01］
E21B 47/22	····通过用钻管与环空之间的减压阀获得的负压泥浆脉冲［2012.01］
E21B 47/24	····通过用钻管中的限流阀获得的正压泥浆脉冲［2012.01］
E21B 47/26	·存储井下数据，例如，存入存储器或记录载体［2012.01］
E21B 49/00	**测试井壁的性质；地层测试；专门适用于地表钻进或钻井以便取得表土或井中液体试样的方法或设备［1，2006.01］**
E21B 49/02	·用机械方法取土样［1，2006.01］

E21B 49/04	··在井眼内用炸药；用射弹穿透井壁 [1,3,2006.01]		体 [3,2006.01]
E21B 49/06	··用侧壁钻具或刮刀 [1,2006.01]	E21B 49/10	··用侧壁流体取样器或测试器 [3,2006.01]
E21B 49/08	·在钻孔或井中取流体试样或测试液		

E21C 采矿或采石

小类索引

截割；掏槽；采出
    机械的一般结构 ·· 25/00，27/00
    细部构件 ·· 29/00，31/00，35/00
    其他装置 ·· 33/00，37/00，39/00
采矿或采石的方法；露天开采 ·············· 41/00，45/00，47/00，49/00
从水下获取矿物 ·· 50/00
从地球以外的资源中获取原料 ································ 51/00

截割；掏槽；开采

E21C 25/00	**截割机械，即平行或垂直于煤层掏槽的**（带掏槽装置的开采机械入 E21C 27/02，E21C 27/10，E21C 27/18）[1,2006.01]	E21C 25/20	·仅由一个或数个往返运动的截割锯或截链掏槽的机械；带截割装置的振动式运输机 [1,2006.01]
E21C 25/02	·仅由一个或数个沿煤层移动的冲击工具进行掏槽的机械 [1,2006.01]	E21C 25/22	·仅由一条或数条沿截盘单向运动的截链掏槽的机械 [1,2006.01]
E21C 25/04	··截割钻头或其他工具（冲击钻头入 E21B 10/36）[1,2006.01]	E21C 25/24	··只带平截盘 [1,2006.01]
E21C 25/06	·仅由可往返或不可往返的一个或数个旋转、移动通过煤层的截割杆或截割滚筒掏槽的机械 [1,2006.01]	E21C 25/26	··只带弯曲截盘 [1,2006.01]
		E21C 25/28	··截链或截链导轨 [1,6,2006.01]
		E21C 25/30	···截链导轨 [1,2006.01]
		E21C 25/32	····弯曲截盘专用 [1,2006.01]
E21C 25/08	··截割杆或截割滚筒的架座 [1,2006.01]	E21C 25/34	···截链 [1,2006.01]
E21C 25/10	··截割杆；截割滚筒 [1,6,2006.01]	E21C 25/36	····链节的连接 [1,2006.01]
E21C 25/14	··带清理开槽的设备（与截链式机械有关入 E21C 25/50）[1,2006.01]	E21C 25/40	····与链节为一体的 [1,2006.01]
		E21C 25/50	··带清槽设备（与旋转截割杆或旋转截割滚筒机械有关的入 E21C 25/14）[1,2006.01]
E21C 25/16	·仅由一个或数个旋转的截割锯、截割盘或截割轮掏槽的机械 [1,2006.01]	E21C 25/52	·综合采用两种或更多种 E21C 25/02，E21C 25/06，E21C 25/16，E21C 25/20 和 E21C 25/22 小组所述掏槽装置的机械 [1,2006.01]
E21C 25/18	··截割锯；截割盘；截割轮 [1,2006.01]		

E21C 25/54	·用无导向截割绳索或截割链掏槽或者由缆绳或类似物沿工作面牵引的无导向工具掏槽（用刨具开采入 E21C 27/32；用牵引钢丝绳推进入 E21C 29/14）[1,2006.01]		E21C 27/04	··用有或无辅助掏槽装置的沿框架导向的单截割链［1,2006.01］
			E21C 27/06	···带回转框架［1,2006.01］
			E21C 27/08	··带有将矿物截割成大块的附加装置［1,2006.01］
E21C 25/56	·用截割绳索或截割链或由缆绳及类似物沿工作面牵引的工具开槽，并且每一种方式都是平行于工作面导向，例如，用运输机及与运输机平行的导轨导向（将装有开采工具的运输机压向工作面入 E21C 35/14）[1,2006.01]		E21C 27/10	·靠掏槽和破碎落矿［1,2006.01］
			E21C 27/12	··靠矿物垂直面受作用力破碎落矿，例如，冲击工具的作用［1,2006.01］
			E21C 27/14	··靠对截槽的一侧施加力或压力破碎落矿，例如，打楔（靠嵌入钻孔的器具破碎落矿入 E21C 37/00）［1,2006.01］
E21C 25/58	·钻凿互相邻接的孔进行掏槽的机械［1,2006.01］		E21C 27/16	···带掏槽与破碎落矿两用的装置［1,2006.01］
E21C 25/60	·用水或其他液体喷射开槽的（具有流体喷嘴装置的截齿入 E21C 35/187；喷射流体在转动刀盘上的分布入 E21C 35/23）[1,6,2006.01]		E21C 27/18	·靠掏槽和刨削［1,2006.01］
			E21C 27/20	·用不包括掏槽的方法开采矿物［1,2006.01］
			E21C 27/22	··用带破碎落矿工具的旋转钻机，例如，楔形钻［1,2006.01］
E21C 25/62	·截槽大致垂直于矿层，其位置或高于或低于或与机械本身在同一水平的掏槽机械［1,2006.01］		E21C 27/24	··用在整个工作面进行磨碎的工具［1,2006.01］
			E21C 27/26	··用作用于整个工作面的密排截链［1,2006.01］
E21C 25/64	·手持或安装在支架上的手工引导开槽的机械（手持动力驱动工具入 E21C 37/22）[1,2006.01]		E21C 27/28	··用带破碎落矿工具的冲击钻机，例如，楔形钻［1,2006.01］
			E21C 27/30	··用挖出矿物的扒爪、勺斗或铲斗［1,2006.01］
E21C 25/66	·带附加钻孔装置的掏槽机械［1,2006.01］		E21C 27/32	··用带或不带装载装置的可调或不可调刨具（用冲击刨具入 E21C 27/46）［1,2006.01］
E21C 25/68	·与清除，例如，通过装载，由其他装置所得材料的设备相结合的掏槽机械（与刨具联合使用的掏槽机械入 E21C 27/18；清除碎矿物入 E21C 35/20）[1,2006.01]		E21C 27/34	···用缆绳或链条沿工作面牵引的机械［1,2006.01］
			E21C 27/35	···撞击刨［1,2006.01］
E21C 27/00	**使矿物完全落离矿层的机械 [1,2006.01]**		E21C 27/36	···沿工作面自动推进的机械［1,2006.01］
E21C 27/01	·专门适用于回采悬顶煤的［1,2006.01］		E21C 27/38	···沿弧形刨采时在原位不动的机械［1,2006.01］
E21C 27/02	·单靠掏槽（掏槽用截割杆、截割滚筒及截齿入 E21C 25/10；截割锯、截割盘、截割轮入 E21C 25/18；所用的截链、截链导轨及截齿入 E21C 25/28）［1,2006.01］		E21C 27/40	···沿工作面进行交替分段移动的机械及其刨具［1,2006.01］

— 103 —

E21C

E21C 27/42	···与刮斗或采矿箱联合使用［1，2006.01］
E21C 27/44	···刨刀（采矿截齿入 E21C 35/18）［1，2006.01］
E21C 27/46	··用冲击刨具［1，2006.01］
E21C 29/00	**掏槽或使矿物完全落离矿层的机械的推进［1，2006.01］**
E21C 29/02	·用在机械上对固定支架施加推力的装置［1，2006.01］
E21C 29/04	·用缆绳或链条［1，2006.01］
E21C 29/06	··一端或两端锚定在矿井工作面上的［1，2006.01］
E21C 29/08	···锚定装置（仅用于运输机锚定入 E21F 13/00）［1，2006.01］
E21C 29/10	···与机械上绞车或类似物结合的缆绳或链子［1，2006.01］
E21C 29/12	··靠推或拉交替锚定和松开缆绳或链子的一部件来推进的机械［1，2006.01］
E21C 29/14	··靠拖拽缆绳或牵引链子沿工作面牵引机械［1，2006.01］
E21C 29/16	··拉缆绳或链子的绞车或其他器具（一般绞车本身入 B66D）［1，2006.01］
E21C 29/18	··机械与缆绳或链条的连接或拆开［1，2006.01］
E21C 29/20	··带有当缆绳或链条破断时起作用的安全装置［1，2006.01］
E21C 29/22	·利用轮子、循环履带或类似装置［1，2006.01］
E21C 29/24	··承载进行工作的机械的载重卡车［1，2006.01］
E21C 29/26	···带有可在卡车上对机械进行调节定位的器具［1，2006.01］
E21C 29/28	····调节整机的高度［1，2006.01］
E21C 31/00	**掏槽或使矿物完全落离矿层的机械的驱动装置［1，2006.01］**
E21C 31/02	·截割或破碎落矿装置用［1，2006.01］
E21C 31/04	··传递旋转兼往复运动［1，2006.01］
E21C 31/06	··用环绳或环链驱动［1，2006.01］
E21C 31/08	·用于机械的调节部件［1，2006.01］
E21C 31/10	·用于机械的回转部件［1，2006.01］
E21C 31/12	·组件［1，2006.01］
E21C 33/00	**运载掏槽或使矿物完全落离矿层的机械的载重卡车或其他装置［1，2006.01］**
E21C 33/02	·带有向载重卡车上装载或从载重卡车上卸下机械的设备［1，2006.01］
E21C 35/00	**不包含在 E21C 25/00 至 E21C 33/00，E21C 37/00 或 E21C 39/00 组中的，掏槽或使矿物完全落离矿层的机器的细部构件或附件［1，2006.01］**
E21C 35/02	·转动部件的锁紧装置［1，2006.01］
E21C 35/04	·安全装置（当牵引缆绳或牵引链条破断时起作用入 E21C 29/20）［1，2006.01］
E21C 35/06	·使整机相对于其底部结构定位的设备［1，2006.01］
E21C 35/08	·机器的导向［1，2006.01］
E21C 35/10	··利用与工作面接触的接触传感器［1，2006.01］
E21C 35/12	··沿运送切落材料的运输机［1，2006.01］
E21C 35/14	···把运输机推向工作面的设备［1，2006.01］
E21C 35/16	··利用木支架、充填或其他支架［1，2006.01］
E21C 35/18	·采矿截齿；所用支座（刨刀入 E21C 27/44）［1，6，2006.01］
E21C 35/183	··具有抗磨损材料的镶嵌件或层［6，2006.01］
E21C 35/187	··具有流体喷嘴装置（向喷嘴供给流体入 E21C 35/22）［6，2006.01］
E21C 35/19	··用于固定截齿或截齿座的工具［6，2006.01］
E21C 35/193	···用螺栓作为主要固定元件［6，2006.01］

E21C 35/197	···用紧定套、环或类似物作为主要固定元件 [6,2006.01]
E21C 35/20	·清除碎矿物设备的一般特征,例如,向运输机上装载的 [1,2006.01]
E21C 35/22	·用于防止产生或清除矿尘的设备(设有流体喷嘴的截齿入 E21C 35/187;用于冲洗井眼的方法或设备入 E21B 21/00)[1,2006.01]
E21C 35/23	··喷射流体在转动刀盘中的分布 [6,2006.01]
E21C 35/24	·专门适用于掏槽或使矿物完全落离矿层的机械的遥控装置(一般的控制入 G05)[1,2006.01]
E21C 37/00	**具有装载或无装载的其他开采方法或装置**(用嵌入槽中的装置破碎落矿入 E21C 27/14)[1,2006.01]
E21C 37/02	·用楔子 [1,2006.01]
E21C 37/04	·用带有以机械方法挤压钻孔壁的部件的装置 [1,2006.01]
E21C 37/06	·在钻孔中使用液压或气压 [1,2006.01]
E21C 37/08	··装有活塞、柱塞或局部挤压钻孔壁的类似物的装置 [1,2006.01]
E21C 37/10	··带膨胀弹性套管的装置 [1,2006.01]
E21C 37/12	··通过向钻孔内注入一开始就处于高压之下的或随后加高压的液体,例如,通过脉冲,通过作用在液体上的炸药卷(用水射流掏槽入 E21C 25/60;炸药爆破入 F42D)[1,2006.01]
E21C 37/14	··用压缩空气;用气体爆破;用气化液体 [1,2006.01]
E21C 37/16	·用基于热效应的燃烧或类似方法(用热能钻进入 E21B 7/14)[1,2006.01]
E21C 37/18	·用电力 [1,2006.01]
E21C 37/20	·用超声波 [1,2006.01]
E21C 37/22	·专门适用于开采矿物的手工工具或手持动力操作工具(只用手引导的掏槽机械入 E21C 25/64)[1,2006.01]
E21C 37/24	··尖头锤(一般风镐入 B25D;冲击钻进入 E21B 1/00)[1,2006.01]
E21C 37/26	·上面未涉及的凿子或其他切割工具 [1,2006.01]
E21C 39/00	**现场测试矿物硬度或其他特性的装置,例如,为选择适当的采矿工具提供数据** [1,2006.01]

采矿或采石方法;露天开采;所用布局

E21C 41/00	**地下或地面采矿方法**(E21C 45/00 优先);**所用布局**(泥炭用入 E21C 49/00)[1,5,2006.01]
E21C 41/16	·地下采矿方法(所用采掘机入 E21C 25/00 至 E21C 39/00);其所用布局 [5,2006.01]
E21C 41/18	··褐煤或硬煤用 [5,2006.01]
E21C 41/20	··岩盐或碳酸钾盐用 [5,2006.01]
E21C 41/22	··矿石用,例如,开采砂矿 [5,2006.01]
E21C 41/24	··含油矿层用 [5,2006.01]
E21C 41/26	·地面采矿方法(露天矿用开采或运送原料的机械入 E21C 47/00);其所用布局 [5,2006.01]
E21C 41/28	··褐煤或硬煤用 [5,2006.01]
E21C 41/30	··矿石用,例如,开采砂矿 [5,2006.01]
E21C 41/32	·地面法采后区域的恢复(农业用处理或加工土壤的机械或方法入 A01B 77/00,A01B 79/00;回填用机械入 E02F 5/22)[5,2006.01]
E21C 45/00	**水力采矿方法;水枪**(E21C 25/60 优先)[1,5,2006.01]
E21C 45/02	·产生脉冲流体射流的装置 [5,2006.01]
E21C 45/04	··通过高压液体 [5,2006.01]
E21C 45/06	··通过压缩气体 [5,2006.01]

E21C 45/08   ・水枪的自动控制或遥控 [5,2006.01]

E21C 47/00   露天矿的开采或运输机械（开采泥炭用入 E21C 49/00）[1,2006.01]

E21C 47/02   ・用于硬煤、褐煤或类似矿物（一般的挖掘船或表土剥离机械入 E02F）[1,3,2006.01]

E21C 47/04   ・・与开采设备配套使用的桥式运输机 [1,3,2006.01]

E21C 47/06   ・・与开采设备配套使用的索道运输机（井下运输入 E21F 13/00）[1,2006.01]

E21C 47/08   ・・清除夹层的装置，例如，清除煤层之间的砂层 [1,2006.01]

E21C 47/10   ・开采石料、砂、砾石或黏土 [1,2006.01]

E21C 49/00   开采泥炭的方法；其所用机械（泥炭的处理入 C10F）[1,2006.01]

E21C 49/02   ・通过挖掘 [1,2006.01]

E21C 49/04   ・通过在泥炭腐殖层中采掘 [1,2006.01]

E21C 50/00   其他类目未涉及的从水下获取矿物（耙吸式挖泥船或其组件入 E02F 3/88；运输或分选已采掘原料的设备入 E02F 7/00；铲斗入 G01N 1/12）[5,2006.01]

E21C 50/02   ・船载移动（特殊用途用船或漂浮结构入 B63B 35/00）[5,2006.01]

E21C 51/00   从地球以外资源中获取原料的设备或方法（宇宙学入 B64G）[2,2006.01]

E21D 竖井；隧道；平硐；大型地下室（土壤调节材料或土壤稳定材料入 C09K 17/00；采矿或采石用的钻机、开采机械、截割机入 E21C；安全装置、运输、救护、通风或排水入 E21F）[2，6]

附注 [6]

1. 本小类包括仅使用地下采矿方法，即对地面没有破坏的方法来挖掘或衬砌隧道、平硐或大型地下室的方法或设备。
2. 本小类不包括由 E02D 包括的基础工程，即对地面有破坏的方法建造的地下空间。

小类索引

开凿竖井；所用衬砌	1/00，3/00，7/00，8/00，5/00
掘进隧道或平硐；所用衬砌	9/00，11/00
打地下室；所用衬砌	13/00，11/00
工作面支架或保护罩	15/00，17/00，19/00，21/00
步进式支架	23/00
安装锚杆	20/00

竖井

E21D 1/00   凿井 [1,2006.01]

E21D 1/02   ・手工 [1,2006.01]

E21D 1/03   ・机械（E21D 1/08 优先）[1,2006.01]

E21D 1/04   ・・带抓岩机 [1,2006.01]

E21D 1/06   ・・带钻井刀具（钻进设备入 E21B）[1,2006.01]

E21D 1/08   ・同时向下衬砌 [1,2006.01]

E21D 1/10	·地层的预处理 [1,2006.01]			7/04);隧道或平硐的设计布置 [1,3, 2006.01]
E21D 1/12	··用冻结法 [1,2006.01]			
E21D 1/14	···冻结用设备 [1,2006.01]		E21D 9/01	·用于扩大或恢复隧道断面的方法或设备,例如,通过把底板恢复到其原来的水平 [7,2006.01]
E21D 1/16	··用石化法(锚杆注浆入 E21D 20/02) [1,2006.01]			
E21D 3/00	反向凿井,即自下向上开凿 [1,2006.01]		E21D 9/02	·掘进斜井或斜巷 [1,3,2006.01]
E21D 5/00	井筒衬砌;所用衬砌物(E21D 11/00 优先) [1,3,2006.01]		E21D 9/04	·穿过松散的物质掘进隧道或平硐;所用未列入其他类目的设备 [1,2006.01]
E21D 5/01	·向充填有液体或黏滞物的井筒内下放预制井壁 [1,2006.01]		E21D 9/06	·通过使用掘进盾构进行掘进 [2,2006.01]
E21D 5/012	·在衬砌层外部或之间采用流体密封或抗磨材料 [1,2006.01]		E21D 9/08	··附带钻进或截割工具的 [2,2006.01]
E21D 5/016	·井框垛盘 [1,2006.01]		E21D 9/087	···利用一个旋转钻头同时截割整个断面,即全断面设备 [7,2006.01]
E21D 5/02	·用木料(E21D 5/01, E21D 5/012, E21D 5/016 优先) [1,2006.01]		E21D 9/093	··驱动盾构的控制 [7,2006.01]
E21D 5/04	·用砖、混凝土、石料或类似的建筑材料(E21D 5/01, E21D 5/012, E21D 5/016 优先) [1,2006.01]		E21D 9/10	·用钻机或截割机掘进(E21D 9/08 优先;用于采矿的类似设备入 E21C 27/20;采矿截齿入 E21C 35/18) [3,2006.01]
E21D 5/06	·用铁或钢(E21D 5/01, E21D 5/012, E21D 5/016 优先) [1,2006.01]		E21D 9/11	··利用一个旋转钻头同时截割整个断面,即全断面设备 [7,2006.01]
E21D 5/08	··取成型部件的形状 [1,2006.01]			
E21D 5/10	··取丘宾筒的形状 [1,2006.01]		E21D 9/12	·清除或运走已采掘物料或矸石的装置;工作或装载平台(地下运输入 E21F 13/00) [2,2006.01]
E21D 5/11	·与不同材料,例如,木材、金属、混凝土的结合(E21D 5/01, E21D 5/012, E21D 5/016 优先) [1,2006.01]			
			E21D 9/13	··利用液压输送或气动输送装置 [7,2006.01]
E21D 5/12	·竖井衬砌用附件,例如,吊架、模板 [1,2006.01]		E21D 9/14	·隧道或平硐的设计布置;其他类目不包括的隧道或平硐的结构特征,例如,洞口、隧道口的日光减弱 [3,2006.01]
E21D 7/00	竖井装备,例如,竖井内支护 [1,2006.01]			
E21D 7/02	·竖井内罐笼导杆的布置;罐笼导杆与井壁的连接(电梯的导轨或导向入 B66B 7/02) [1,2006.01]			
			E21D 11/00	隧道、平硐或其他地下洞室,例如,大型地下室的衬砌;其衬砌物;现场制衬砌物,例如,通过组装(E21D 15/00 至 E21D 23/00 优先;竖井专用入 E21D 5/00;带压力水的平巷衬砌及所用衬砌物入 E02B 9/06) [1,2,2006.01]
E21D 8/00	不包含在 E21D 1/00 到 E21D 7/00 各组内的竖井 [2006.01]			

隧道;平硐;大型地下室;所用衬砌 [3,6]

E21D 9/00	衬砌或不衬砌的隧道或平硐;其掘进的方法或设备(衬砌物本身入 E21D 11/00;防岩石崩塌或雪崩的穿廊入 E01F		E21D 11/02	·主要用木材的衬砌 [1,2,2006.01]
			E21D 11/03	··用木材安装机 [1,2006.01]

E21D

E21D 11/04 ・用建筑材料衬砌（E21D 11/02，E21D 11/14 优先）[1,2,2006.01]

E21D 11/05 ・・用可压缩的嵌入物 [1,2006.01]

E21D 11/06 ・・用砖 [1,2006.01]

E21D 11/07 ・・・用砌砖机 [1,2006.01]

E21D 11/08 ・・用预制混凝土板 [1,2006.01]

E21D 11/10 ・・用混凝土现场浇注；为此所用的模板或其他设备 [1,2006.01]

E21D 11/12 ・・在施工期间用的临时支架；附件 [1,2006.01]

E21D 11/14 ・主要用金属衬砌的 [1,2,2006.01]

E21D 11/15 ・・板材衬砌；护壁，即为撑托结构材料或将载荷传递给主支护件而设计的衬砌（隔层入 E21D 11/38）[2,2006.01]

E21D 11/18 ・・拱形部件 [1,2006.01]

E21D 11/20 ・・・特殊断面，例如，波纹状 [1,2006.01]

E21D 11/22 ・・・用于以刚性连接方式或者以遇到过大压力时允许拱形部件产生滑动的方式连接相邻拱形部件的夹子或其他可缩性装置 [1,2006.01]

E21D 11/24 ・・・拱形件间的铰链接头或钩环 [1,2006.01]

E21D 11/26 ・・・将拱形件连接到纵向支撑构件上的鞋座 [1,2006.01]

E21D 11/28 ・・纵向支撑构件 [1,2006.01]

E21D 11/30 ・・下拱形件的底座（支柱用入 E21D 15/54）[1,2006.01]

E21D 11/34 ・・垂直支柱与水平顶梁之间的接头（形成支柱一部分的柱帽入 E21D 15/54）[1,2006.01]

E21D 11/36 ・・专门适用于非规则断面隧道或平硐的衬砌物或支架 [2,3,2006.01]

E21D 11/38 ・防水（一般防水入 E02D 31/00）；隔热；隔音；电绝缘（一般房屋建筑用入 E04B 1/62）[2,2006.01]

E21D 11/40 ・专门适用于搬运或置放隧道或平硐的衬砌构件的装置或机械 [2,2006.01]

E21D 13/00 大型地下室；建造其的方法或设备（衬砌入 E21D 11/00）[1,6,2006.01]

E21D 13/02 ・方法 [1,2006.01]

E21D 13/04 ・专用设备；附件 [1,2006.01]

工作面支护

E21D 15/00 支柱（建筑方面入 E04G 25/00）；支架 [1,2006.01]

E21D 15/02 ・非伸缩性支柱 [1,2006.01]

E21D 15/04 ・・带有由双锥形连接物连接的木支柱部件 [1,2006.01]

E21D 15/06 ・・带有以一锁紧装置连接的部件，带有或不带有轴向可调性 [1,2006.01]

E21D 15/08 ・・・带有肘节连接 [1,2006.01]

E21D 15/10 ・・・带有爪形离合器或销孔连接 [1,2006.01]

E21D 15/12 ・・・带有位于上端或下端的锁紧装置 [1,2006.01]

E21D 15/14 ・伸缩支柱（将伸缩部件固定在一起的一般装置入 F16B）[1,2006.01]

E21D 15/15 ・・防止落入杂物的装置；内装的清除装置 [1,2006.01]

E21D 15/16 ・・具有用刚性器件连接在一起的部件，支柱遇到过大压力时能或不能相对滑动 [1,2006.01]

E21D 15/18 ・・・一部件置放在位于另一部件内的支撑媒介物，例如，橡胶、砂、沥青、铅等之上，当压力过大时，媒介物能或不能排出或移位 [1,2006.01]

E21D 15/20 ・・・具有与棘轮齿、步进触点、孔或间隔分布的类似物相啮合的棘爪、销钉、十字件或类似物 [1,2006.01]

E21D 15/22 ・・・具有在过大压力下破裂、断裂或产生永久性变形的构件、销钉、十字件或类似物 [1,2006.01]

E21D 15/24 ・・・具有轴向螺杆和螺帽、齿条和

		蜗杆或类似机构［1，2006.01］
E21D	15/26	···具有不能自锁但通常可通过受过大压力时滑动的摩擦件阻止旋转的螺栓、蜗杆或类似物［1，2006.01］
E21D	15/28	··具有靠摩擦或夹紧互相夹持的部件，例如，用楔子［1，2006.01］
E21D	15/30	··具有在经由流体或类似流体介质施加的压力下膨胀或收缩的装置，例如，橡胶［1，2006.01］
E21D	15/32	···用一可变形的套环［1，2006.01］
E21D	15/34	···用轴向运动的球、滚珠或类似物［1，2006.01］
E21D	15/36	···用套在一个或全部两个部件上的一可倾斜套环［1，2006.01］
E21D	15/38	··有纵向分开的上下支柱部件，例如，相互吻合的叠合机构［1，2006.01］
E21D	15/40	··通过肘节作用、凸轮，或以枢轴或类似方式安装的其他部件夹紧在一个或全部两个部件的套环或其他承载件［1，2006.01］
E21D	15/42	···带改变摩擦力的特殊部件［1，2006.01］
E21D	15/43	··楔子的细部构件（摩擦衬或垫入 E21D 15/42）［1，2006.01］
E21D	15/44	·液压、气压或液压－气压支柱［1，2006.01］
E21D	15/45	··具有封闭式流体系统，例如，带内装泵或蓄能器［1，2006.01］
E21D	15/46	··带载荷测量装置；带报警装置［1，2006.01］
E21D	15/48	·塞块或类似装置［1，2006.01］
E21D	15/50	·支柱的组件或细部构件（E21D 15/43，E21D 15/58，E21D 15/60 优先）［1，2006.01］
E21D	15/502	··以其形状为特征的柱体，例如，为特定截面［1，2006.01］
E21D	15/51	··专门适用于液压、气压或液压－气压支柱，例如，安全阀装置［1，2006.01］
E21D	15/52	··装于标准支柱上头或下头的可伸长件［1，2006.01］
E21D	15/54	··支柱两端的细部构件（允许步进入 E21D 23/06）［1，2006.01］
E21D	15/55	···支柱头［1，2006.01］
E21D	15/56	··伸缩支柱锁定装置的细部构件［1，2006.01］
E21D	15/58	·安装支柱的装置［1，2006.01］
E21D	15/582	··机械支柱用［1，2006.01］
E21D	15/59	··液压、气压或液压－气压支柱用［1，2006.01］
E21D	15/60	·回收支柱或支架的装置［1，2006.01］
E21D	**17/00**	**支护矿井顶板的顶梁**［1，2006.01］
E21D	17/01	·以顶梁形状为特征，例如，为特定截面［1，2006.01］
E21D	17/02	·伸缩前梁或类似的保护装置［1，2006.01］
E21D	17/022	··在组装顶梁的同时进行临时支护的辅助装置［1，2006.01］
E21D	17/03	·顶梁的托架［1，2006.01］
E21D	17/04	·长壁开采用［1，2006.01］
E21D	17/05	··靠液压伸缩［1，2006.01］
E21D	17/054	··靠液压转动［1，2006.01］
E21D	17/06	·掘进平硐用［1，2006.01］
E21D	17/08	·为得到采煤工作面无支柱区的顶梁接头［1，2006.01］
E21D	17/082	··滑动式［1，2006.01］
E21D	17/086	··铰接式［1，2006.01］
E21D	17/10	·带或不带护板的连接支柱顶端的顶梁细部构件；护板［1，2006.01］
E21D	**19/00**	**工作空间的临时护罩**（E21D 9/06，E21D 23/00 优先）［1，3，2006.01］
E21D	19/02	·长壁开采用［1，2006.01］
E21D	19/04	·掘进平硐用［1，2006.01］
E21D	19/06	·应用护罩的装置［6，2006.01］

E21D，E21F

E21D 20/00　安装锚杆（用于竖井、隧道、平硐的锚杆入 E21D 21/00；锚固构件的设备或专门适用于基础工程的隔墙入 E02D 5/74；暗销或固定在墙里的其他装置或插入此类用途的孔中的类似物入 F16B 13/00）[1,5,2006.01]

E21D 20/02　·带灌浆装置 [1,2006.01]

E21D 21/00　顶板、底板或竖井衬砌保护用锚杆（暗销或固定在墙里的其他装置或插入此类用途的孔中的类似物入 F16B 13/00）[1,2006.01]

E21D 21/02　·有张力指示装置（专为指示张力载荷而修改的螺纹接头入 F16B 31/02）[1,2006.01]

E21D 23/00　步进式矿顶支架，例如，与移动运输机、开采机械或其所用导向器装置配合使用（在工作面采矿用运输机本身的移动入 E21F 13/08）[1,2006.01]

E21D 23/03　·有防止或阻止松散材料进入工作面或支架的保护装置，例如，护板 [4,2006.01]

E21D 23/04　·支护结构的结构特征，例如，相邻构架或成组支柱间的连接件；在倾斜底板上防止横向滑动的装置（E21D 23/14 优先）[1,2006.01]

E21D 23/06　··便于步进式移动的专用顶梁或专用支柱顶端 [1,2006.01]

E21D 23/08　·前移机构（E21D 23/16 优先）[1,2006.01]

E21D 23/10　··具有与支护结构分开的前移装置 [1,2006.01]

E21D 23/12　·控制，例如，采用遥控方式（E21D 23/16 优先）[1,2006.01]

E21D 23/14　··使支架自动顺序前移，例如，一个接一个地 [1,2006.01]

E21D 23/16　·液压或气压特征，例如，回路、阀的配置和使用、安装或回收装置 [1,2006.01]

E21D 23/18　··前移机构 [1,2006.01]

E21D 23/20　···用于顺序前移，例如，一个接一个地 [1,2006.01]

E21D 23/22　···与顶梁相连 [1,2006.01]

E21D 23/24　···前移机构与支护结构分开 [1,2006.01]

E21D 23/26　··液压或气压控制 [1,2006.01]

E21F　矿井或隧道中或其自身的安全装置、运输、充填、救护、通风或排水 [2]

小类索引

通风 ··· 1/00，3/00
排水 ··· 16/00
安全装置，救护装置 ··· 5/00 至 11/00
运输；充填 ··· 13/00，15/00
其他方法或装置 ··· 17/00

矿井或隧道的通风

E21F 1/00　矿井或隧道的通风；风流的分配（一般房屋或空间的通风入 F24F）[1,2,2006.01]

E21F 1/02　·试验模型（所用模拟计算机入 G06G 7/50）[1,2006.01]

E21F 1/04　·风筒（悬挂装置入 E21F 17/02）[1,2006.01]

E21F 1/06	··风筒的连接（一般管子连接入F16L）[1,2006.01]		E21F 5/20	·排尘或使灰层沉积（用于冲洗井眼的方法或设备入E21B 21/00；同时进行截割入E21C 35/22）[1,7,2006.01]
E21F 1/08	·与风筒相连的通风设施，例如，安装通风机的设施（通风机**本身**入F04D）[1,2006.01]		E21F 7/00	用于或不用于其他目的的瓦斯排放方法或装置 [1,2006.01]
E21F 1/10	·风门（一般的门入E06B）[1,2006.01]		E21F 9/00	防止机械或仪器产生火花的装置（电机或电器防火花入H01K，H02K）[1,2006.01]
E21F 1/12	··自动打开风门的装置 [1,2006.01]			
E21F 1/14	·风障；风闸（防火墙入E21F 17/103；基础工程用气闸入E02D）[1,6,2006.01]		E21F 11/00	救护装置或其他安全装置，例如，安全硐室或安全通道（医疗用呼吸器入A61H 31/00；呼吸装置入A62B 7/00；意外事故中被掩埋者的呼吸装置入A62B 33/00）[1,2006.01]
E21F 1/16	·上风竖井盖门 [1,2006.01]			
E21F 1/18	·自然通风（E21F 1/02至E21F 1/16优先）[2,2006.01]			
E21F 3/00	空气的冷却或干燥（一般房屋或空间空气调节入F24F）[1,2006.01]		E21F 13/00	专门适用于地下条件的运输（矿车入B61D；一般运输，装载入B65G）[1,2006.01]

安全装置；救护装置

E21F 5/00	防尘、粘尘、降尘或除尘的装置或方法；防止爆炸或火灾（防火墙入E21F 17/103；一般对表面施用液体或其他流动性材料入B05；废气指示器入G01N）[1,6,2006.01]		E21F 13/02	·平硐内 [1,2006.01]
			E21F 13/04	·自重滑行坡内；暗井或斜井内 [1,2006.01]
			E21F 13/06	·在工作面或邻近工作面 [1,2006.01]
E21F 5/02	·用湿润法或喷水法 [1,2006.01]		E21F 13/08	·将运输机或其他运输装置从工作面的一个位置移到另一个位置（沿运输采下矿物的运输机导向开采机械入E21C 35/12；与步进式矿顶支架配合使用入E21D 23/00）[1,2006.01]
E21F 5/04	··喷水幕（喷嘴、一般喷水入B05B，B05D；具有流体喷嘴装置的截齿入E21C 35/187）[1,2006.01]			
E21F 5/06	··喷洒用的液体 [1,2006.01]			
E21F 5/08	·撒岩粉；使用其他防护物质 [1,2006.01]		E21F 13/10	·运输机的锚定 [2,2006.01]
E21F 5/10	··撒岩粉装置 [1,2006.01]		E21F 15/00	井下采区充入充填物的方法或装置（防火墙入E21F 17/103）[1,6,2006.01]
E21F 5/12	··岩粉的成分 [1,2006.01]			
E21F 5/14	·在爆破同时或由于爆破而动作的水幕或岩石除尘器 [1,2006.01]		E21F 15/02	·充填物的支护工具，例如，背板 [1,2006.01]
E21F 5/16	·涂于底板、侧壁等之上的用来粘尘的吸湿层或其他盐类层；这种粘尘层的喷涂（一般的吸尘材料入C09K 3/22）[1,2006.01]		E21F 15/04	··充填用挡帘；采空区金属网；隔墙 [1,2006.01]
			E21F 15/06	·机械充填 [1,2006.01]
			E21F 15/08	·液压或风力充填（液压或风动运输装置入B65G；管、管接头入F16L）[1,2006.01]
E21F 5/18	·为粘尘而用液体浸渍侧壁或类似物 [1,2006.01]			
			E21F 15/10	··液压或风力充填机械 [1,2006.01]

E21F

E21F 16/00	排水（保持地面基础沟或其他区域的干燥入E02D 19/00）[2,2006.01]	
E21F 16/02	·隧道 [2,2006.01]	
E21F 17/00	在其他地方没有涉及的用于矿井或隧道的方法或装置（矿井照明入F21，H05B）[1,2,2006.01]	
E21F 17/02	·管子或类似物的悬挂装置，例如，用于风筒（一般管子、电缆的支撑或管子保护入F16L 3/00至F16L 7/00）[1,2006.01]	
E21F 17/04	·动力分配装置 [1,2,2006.01]	
E21F 17/06	··电力分配；电缆网；电缆管道（一般的供配电电路布置入H02J）[1,2006.01]	
E21F 17/08	··液压动力分配；液压管道网（一般管道系统入F17D）[1,2006.01]	
E21F 17/10	··风压动力分配；压缩空气管道网（一般管道系统入F17D）[1,2006.01]	
E21F 17/103	·防火墙，例如，用于通风 [6,2006.01]	
E21F 17/107	··可膨胀 [6,2006.01]	
E21F 17/12	··密封门 [1,2006.01]	
E21F 17/16	·用于储存，尤其是储存液体或气体的矿井通道或硐室的改造（在地下天然或人造洞穴或硐室中储存液体入B65G 5/00）[1,2006.01]	
E21F 17/18	·信号装置或警报装置的特殊应用（用于电梯、升降机或移动人行道入B66B；瓦斯传感装置本身入G01N）[1,2006.01]	

E99　本部其他类目不包括的技术主题

E99Z　本部其他类目不包括的技术主题

附注［2006.01］

本小类包括的技术主题是：
a. 本部中的各个小类涵盖技术主题所不包括的，但是与之最密切相关的，和
b. 明确不被其他任何部的任何小类所包含的技术主题。

E99Z 99/00　本部其他类目不包括的技术主题 ［2006.01］